Gabriele
Lehari

Exotisches Obst und Gemüse

für die Küche

4. Auflage
81 Farbfotos

Ulmer

Inhaltsverzeichnis

Auf diesem Bild sind zu sehen: Ananas, Zitrone, Papaya, Nashi, Sharon, Pomelo, Kumquat und Kapstachelbeere.

Bildquellen:
Umschlagfoto groß: Teubner Foodfoto.
Umschlagfotos klein vorne Mitte, hinten links und rechts: Martin Baumgärtner, Erlangen.
Alle übrigen Fotos stammen von der Autorin.

Vorwort

Wem ist es nicht schon so ergangen: exotische Früchte in einem Geschäft sehen verlockend aus, aber zuletzt wagt man sie doch nicht zu kaufen, weil man nicht genau weiß, wie man diese Früchte verwertet: Muß man sie schälen oder kann man die Schale mitessen? Sind die Kerne genießbar oder müssen sie entfernt werden? Wie ißt man das Fruchtfleisch, roh oder gegart? Wie lagert man die Früchte am besten und wie lange sind sie haltbar? Wann ist der richtige Reifegrad erreicht? Und wie schmecken sie überhaupt? Fragen über Fragen, die sich bestimmt viele bei ihrem Einkauf schon einmal gestellt haben. Exotisches Obst und Gemüse ist heute keine Seltenheit mehr auf unseren Märkten. Durch die schnellen Transportmöglichkeiten in gekühlten Behältern erreichen uns aus den entlegensten Winkeln der Erde köstliche, fremdartige Früchte fast erntefrisch.

Dieses Buch ist für all diejenigen geschrieben, die etwas Abwechslung in ihren Speiseplan bringen möchten und auch Mut haben, einmal etwas Neues auszuprobieren. Aber auch für diejenigen, die schon Erfahrung mit exotischen Früchten gemacht haben, bietet das Buch sicher Anregungen mit seinen Rezepten und beschreibt die eine oder andere Frucht, die sie bisher vielleicht noch nicht gekannt oder versucht haben.

Abgesehen davon, daß uns exotische Früchte völlig neuartige Geschmackserlebnisse bieten und häufig auch sehr dekorativ aussehen, besitzen viele von ihnen einen hohen Gehalt an Vitaminen und Mineralstoffen oder enthalten verdauungsfördernde Substanzen, die das körperliche Wohlbefinden steigern. Die meisten der hier beschriebenen Früchte sind also eine sehr gesunde Bereicherung unseres Speiseplans. Nicht beschrieben werden allseits bekannte Früchte wie Ananas und Banane.

Die Rezepte sind jeweils den Früchten, die hier in alphabetischer Reihenfolge aufgeführt sind, zugeordnet. In einigen Rezepten werden verschiedene Früchte verarbeitet, deshalb kann es sein, daß für eine bestimmte Frucht an anderer Stelle noch weitere Rezepte stehen. Hinweise darauf stehen jeweils am Ende eines Kapitels und sind über das Register aufzufinden.

Ich wünsche den Lesern viel Spaß bei der Entdeckung der Welt der exotischen Früchte, viel Erfolg bei der Zubereitung und vor allem guten Appetit.

Gabriele Lehari, Reutlingen

Exotische Früchte und Gemüse von A–Z

Artischocke
Cynara scolymus

Herkunft: Ursprünglich stammt die Artischocke aus Persien. Schon um 500 v. Chr. wurde sie in Ägypten kultiviert. Heute werden Artischocken im gesamten Mittelmeerraum angebaut. Sie sind fast das ganze Jahr über bei uns erhältlich. Im Sommer stammen sie meist aus den europäischen Mittelmeerländern, im Winter werden sie aus Nordafrika importiert. In milden Lagen läßt sich die Artischocke sogar bei uns kultivieren, wobei aber mit keinem großen Ertrag gerechnet werden kann.

Obwohl Artischocken schon seit vielen Jahren bei uns auf dem Markt angeboten werden, gehören sie doch immer noch zu den selteneren Köstlichkeiten unserer Küche, über deren Zubereitung sich auch nicht jeder Hobbykoch unbedingt im klaren ist.

Wissenswertes: Die Artischocke ist keine Frucht, sondern der Blütenstand einer distelähnlichen Pflanze. Disteln gehören wie das Gänseblümchen oder die Kornblume zu den Korbblütengewächsen. Bei ihnen sind viele kleine Blüten zu einem Blütenstand vereinigt und mit großen Hüllblättern umgeben.

Die Vielfalt der Formen und Farben von exotischem Obst und Gemüse ist sehr groß. Hier sind zu sehen: Süßkartoffel, Salak, Sharon, Cherimoya, Kaki, Rambutan, Okra, Mangostane, Pepino, Johannisbrot, Ugli und Artischocken.

Bei den bis zu faustgroßen Artischokken erkennt man deutlich diese Hüllblätter, die wie Schuppen angeordnet sind.

Der wissenschaftliche Name *Cynara* ist auf die antike Bezeichnung für eine stachelige Pflanze zurückzuführen. Dem einen oder anderen wird dieser Name bekannt vorkommen: Es gibt einen Likör oder Aperitif mit dem Namen Cynar. Er wird aus dem bitteren Stoff Cynarin, der in den Blättern und den Stielen der Pflanze enthalten ist, gewonnen und verleiht dem Getränk die Wirkung eines Magenbitters.

Worauf man achten sollte: Artischokken werden geerntet, solange die Blütenköpfe noch fest geschlossen sind. Beim Einkauf sollte man darauf achten, daß sie noch geschlossen sind und die Blätter nicht welk oder an den Spitzen braun sind. Ist dies der Fall, wurden die Artischocken schon zu lange gelagert und sollten nicht mehr verwendet werden.

Lagerung und Haltbarkeit: Wie fast alle Gemüsesorten sollten auch die Artischocken möglichst frisch verzehrt werden. Sehr frische Ware können wir in Papier eingeschlagen noch einige Tage im Gemüsefach des Kühlschranks aufbewahren.

Verarbeitung: Die Artischocke ist nur gekocht genießbar. Von dem recht großen Blütenkopf ist nur ein geringer Teil eßbar, und zwar der Blütenboden im Innern des Kopfes und die Verdickung am unteren Ende der Hüllblätter. Die

Bei den Artischocken unterscheidet man die Sorten mit kleinen, ovalen Blütenköpfen und violetten, spitz zulaufenden Blättern von den Sorten mit größeren, kugeligen Blütenköpfen und grünen, am Ende abgestumpften Blättern.

Stärke in den fleischigen Teilen wird beim Kochen in Fruchtzucker umgewandelt. Daher können Artischocken auch von Diabetikern unbesorgt verzehrt werden.

Bevor Artischocken weiterverarbeitet werden, müssen sie zunächst gekocht werden. Vorher werden sie unter kaltem Wasser gründlich gewaschen. Dann schneidet man den Stiel dicht unter dem Blütenboden ab und entfernt die äußersten Blättchen. Bei den kleinen ovalen Artischocken sind meist auch die Stiele eßbar. In kochendem Salzwasser werden die Artischocken etwa 20 Minuten gegart. Die richtige Kochzeit ist erreicht, wenn sich die Hüllblätter leicht abzupfen lassen.
Sorten: Je nach Herkunftsland werden bei uns verschiedene Sorten angeboten. Es gibt kleinere, ovale Blütenköpfe mit violetten, spitz zulaufenden Blättern und kugelige, größere mit am Ende abgestumpften, grünen Blättern. Diese grünen Artischocken sind am häufigsten auf dem Markt zu finden.

Artischocken mit feinen Dips

Um den typischen Geschmack der Artischocken genießen zu können, sollte man sie ohne weitere Zubereitung nur mit feinen Saucen essen. In dieser Form eignen sie sich hervorragend als Vorspeise, wobei pro Person eine Artischocke gerechnet wird. Der vollständige gut abgetropfte Blütenkopf wird auf einem Teller heiß serviert. Nacheinander werden die Hüllblätter abgezupft und der fleischige untere Bereich mit den Zähnen abgezogen. Zur Geschmacksverfeinerung werden die Blätter vorher in pikante Saucen getunkt. Ein Teller für die abgezupften Blätter darf auf dem Tisch nicht fehlen, da nach diesem Essen die Überreste das ursprüngliche Volumen der Blüten bei weitem überschreiten. Hat man sich bis zum Blütenboden vorgearbeitet, gelangt man zu einer feinen, faserigen Substanz. Hierbei handelt es sich um die eigentlichen Blüten der Pflanze. Die Fasern werden entfernt und das beste an der Artischocke, der Blütenboden, kann als Höhepunkt verzehrt werden.

Als Dips eignen sich verschiedene helle oder rote Saucen, mild oder würzig, mit Knoblauch oder feinen Kräutern. Man sollte darauf achten, daß die Saucen nicht zu schwer sind, da man beim Verzehr einer Artischocke beachtliche Mengen davon ißt.

Gefüllte Artischocken

Zubereitung im Mikrowellenherd
2 mittelgroße, frische Artischocken
Saft von 1 Zitrone
1 Päckchen tiefgefrorenes Leipziger Allerlei
5 Eßlöffel Wasser
2 Eßlöffel Creme fraîche
weißer frisch gemahlener Pfeffer
süßer Paprika

Das Leipziger Allerlei mit dem Wasser in eine Schüssel geben und 10–12 Minuten auf höchster Stufe garen. Dabei 2 bis 3mal umrühren. Anschließend das Wasser abgießen und die Creme fraîche und die Gewürze einrühren.

Die Artischocken am Stielansatz gerade abschneiden, die äußeren Blätter entfernen und alle anderen Blattspitzen mit der Schere stutzen. Dann die Spitze der Blüte mit einem großen scharfen Messer abschneiden und das Heu im Innern entfernen. Dazu die Artischocke umgedreht auf ein Holzbrett legen und fest auf den Boden drücken, so daß sich die Blätter spreizen. Anschließend gut waschen. Alle Schnittstellen mit Zitronensaft beträufeln. Mit der Öffnung nach unten in eine passende Schüssel setzen, mit Wasser bis etwa zur Hälfte der Artischocken auffüllen und Salz zugeben. 12–14 Minuten zugedeckt auf höchster Stufe garen. Zwischendurch einmal umdrehen. Die Artischocken gut abtropfen lassen. Das Gemüse noch einmal 2 Minuten erhitzen und die Artischocken damit füllen. Dieses Rezept kann natürlich auch auf einem herkömmlichen Herd zubereitet werden, wobei sich die Garzeiten allerdings erheblich verlängern.

Aubergine
Solanum melongena

Herkunft: Die Aubergine wird als Gemüse verwendet. Sie stammt ursprünglich aus Indien, wird aber heute im Orient, in Afrika, in China, in Mittelamerika und im Mittelmeerraum angebaut. Auberginen benötigen ein mildes Klima, da die Pflanzen erst spät blühen und im Herbst heranreifen. Daher können sie bei uns höchstens im Gewächshaus kultiviert werden.
Wissenswertes: Früher waren Auberginen eiförmig und hatten eine weißliche Schale, daher wurden sie Eierfrüchte genannt. Heute sind fast nur noch die länglichen Früchte mit der dunkelvioletten Schale im Handel. Sie können bis zu einem Kilo schwer werden.

Auberginen werden mit der Schale verarbeitet. Auch die kleinen, weichen Samen im Innern der Frucht können mit verzehrt werden.

Worauf man achten sollte: Die Aubergine ist die Frucht einer einjährigen Nachtschattenpflanze wie die Kartoffel. Auberginen enthalten gewisse Giftstoffe, solange sie nicht völlig reif sind. Daher sollten sie nur vollreif verwertet werden.

Lagerung und Haltbarkeit: Der richtige Reifegrad ist erreicht, wenn die Frucht auf Fingerdruck leicht nachgibt. Ist sie noch zu fest, kann man sie zu Hause bei Zimmertemperatur nachreifen lassen. Dann sollte sie allerdings möglichst bald verarbeitet werden.

Verarbeitung: Die länglich keulenförmigen Früchte werden bis zu 20 cm lang. Am Stielansatz befinden sich noch die Blätter des Blütenkelches. Für die Zubereitung werden die Früchte gewaschen und der Stielansatz wird mit den Blättern entfernt. Die Schale ist so dünn, daß sie nicht entfernt zu werden braucht. Außerdem enthält sie auch Geschmacksstoffe. Das Fruchtfleisch der Aubergine ist weißlich und enthält zahlreiche kleine, weiße, weiche Samen, die mitgegessen werden.

Das Fruchtfleisch der Auberginen kann mehr oder weniger Bitterstoffe enthalten. Sie lassen sich zum Teil entfernen, indem man die Früchte vor der weiteren Zubereitung in Scheiben schneidet, mit Salz bestreut und mit Zitronensaft beträufelt und sie so 30 Minuten bis 1 Stunde stehen läßt. Dann spült man die Scheiben ab, preßt sie etwas aus und tupft sie mit Küchenkrepp trocken.

Auberginen eignen sich gebraten oder gegrillt als Vorspeise, zum Füllen

Die Bitterstoffe im Fruchtfleisch der Auberginen lassen sich teilweise entfernen, indem man die Früchte in Scheiben schneidet, mit Salz bestreut und mit Zitronensaft beträufelt und nach etwa 15 Minuten abspült.

und Überbacken, und sie sind ein wichtiger Bestandteil des griechischen Auflaufs Mousaka.

Gebratene Auberginen als Vorspeise

Eine Frucht von etwa 300 g reicht für 2–3 Personen.
Die Früchte werden in nicht zu dicke Scheiben geschnitten und wie oben beschrieben mit Salz und Zitronensaft behandelt. Anschließend werden die Auberginenscheiben gewürzt. Da die Früchte nicht sehr viel Eigengeschmack besitzen, darf man bei den Gewürzen nicht sparen. Zum Würzen eignen sich Knoblauch, Zitronensaft, Pfeffer, Salz und Kräuter wie Basilikum und Oregano. Wer es etwas schärfer haben möchte, kann sie auch mit Chili-Pulver oder Cayenne-Pfeffer würzen. Die gewürzten Scheiben werden in Öl ausgebacken oder mit Öl bepinselt und gegrillt, bis sie von beiden Seiten goldbraun sind.

Mousaka

1 kg Auberginen
500 g gemischtes Hackfleisch
3 Zwiebeln
250 g Tomaten
2 Eier
125 ml Weißwein
125 ml Sahne
Öl
Salz
Zitronensaft

schwarzer frisch gemahlener Pfeffer
frisch abgeriebene Muskatnuß

Die Auberginen von den Stielansätzen befreien, in Scheiben schneiden und wie oben beschrieben mit Salz und Zitronensaft behandeln. Dann die Auberginenscheiben in Öl etwas anbraten. Aus der Pfanne nehmen und abtropfen lassen. In demselben Öl die feingehackte Zwiebel anbraten und das Hackfleisch dazugeben. Mit Salz, Pfeffer und Muskat würzen und abschmekken. Weißwein hinzugeben und etwas einkochen lassen. Anschließend ein Ei unterrühren.

In eine Auflaufform abwechselnd Auberginen und Hackfleischmasse schichten. Als oberste Schicht sollten Auberginenscheiben liegen. Tomaten in Scheiben schneiden und auf dem Auflauf verteilen. Das zweite Ei mit der Sahne verquirlen, mit Salz, Pfeffer und Muskat würzen und über den Auflauf gießen. Auf der mittleren Schiene bei 200 °C 1 Stunde backen (Heißluft 180 °C, Gas Stufe 3).

Spaghetti mit Auberginen

300 g Auberginen
300 g mageres Rinderhack
300 g Tomaten
400 g Spaghetti
1 Zwiebel
1 Bund Petersilie
1 Bund Suppengemüse
3 Eßlöffel Öl
1 Prise Zimt
Zucker
Pfeffer
Salz
geriebener Parmesankäse

Auberginen waschen, mit der Schale in Würfel schneiden, salzen und 30 Minuten ziehen lassen. Danach unter fließendem Wasser abspülen, abtropfen lassen und mit Küchentuch trocken tupfen. In 2 Eßlöffel Öl die Auberginen mit der feingehackten Petersilie schmoren. In einer zweiten Pfanne das Hackfleisch im restlichen Öl anbraten. Die Zwiebeln und Suppengemüse kleinschneiden und mit dem Fleisch mitdünsten. Die Tomaten überbrühen, schälen, würfeln, dazugeben und mitschmoren. In der Zwischenzeit die Spaghetti in reichlich Salzwasser »al dente« kochen. Die Auberginen mit der Fleisch-Gemüse-Masse mischen, mit Salz und Pfeffer abschmecken und noch etwa 10 Minuten schmoren. Eine Prise Zimt und etwas Zucker geben dem Gericht eine besondere Note. Die abgetropften Nudeln vorsichtig unterheben und sofort servieren. Dazu wird geriebener Parmesankäse gereicht.

Auberginen sizilianisch

4 nicht zu dicke Auberginen
1 Stange Staudensellerie
4 Fleischtomaten
2 Zwiebeln
50 g grüne Oliven
1 Eßlöffel Kapern
6 Eßlöffel Rotweinessig
2 Eßlöffel Zucker
schwarzer Pfeffer
Öl zum Braten
50 g Pinienkerne zum Bestreuen

Die Auberginen waschen, abtrocknen, Blüten- und Stengelansätze abschneiden und die Früchte längs halbieren. Die Schnittfläche mit Salz bestreuen und mindestens 30 Minuten ruhen las-

In das butterweiche Fruchtfleisch der Avocado ist ein sehr großer Kern eingebettet, der sich leicht entfernen läßt, wenn die Früchte vorher längs halbiert werden.

sen. Den Sellerie putzen, waschen und in dünne Scheiben schneiden. Die Tomaten abziehen, vierteln und den Stengelansatz herausschneiden. Die Zwiebeln schälen und klein würfeln. Die Oliven in Scheiben schneiden.

Etwas Öl in einem Topf erhitzen und die Zwiebeln glasig braten. Den Sellerie, die Tomaten, die Kapern und die Oliven zufügen und etwa 5 Minuten schmoren. Essig und Zucker zugeben und alles zugedeckt 10 Minuten lang dünsten. In der Zwischenzeit die Auberginen mit Küchenkrepp abtupfen. Öl in einer Pfanne erhitzen und die Auberginen von jeder Seite etwa 3 Minuten braten. Die Auberginenhälften auf einer Platte anrichten, die Gemüsemischung darauf verteilen und die Pinienkerne darüberstreuen.

Avocado
Persea americana

Herkunft: Die Heimat der Avocado sind die Bergwälder Mittelamerikas. Dort wurde sie schon vor 8000 Jahren angebaut. Ihr Name stammt von dem Aztekenwort »ahuacatl«. Azteken und Inkas verwendeten sie als Aphrodisiakum. 1653 gelangte sie mit den englischen Seefahrern nach Europa. Wegen ihres hohen Eiweiß- und Ölgehaltes diente die Frucht auf langen Seereisen als Fleischersatz. Sie wurde auch Butterfrucht genannt. Das Fruchtfleisch ist reich an Vitaminen und Mineralstoffen. Heute werden Avocados in vielen tropischen und subtropischen Ländern angebaut. Sie gelangen bei uns das ganze Jahr über in den Handel.

Das Fruchtfleisch der Avocado und frische Litschis lassen sich gut mit Paprikaschoten zu einem pikanten Salat kombinieren. Rezept Seite 69.

Wissenswertes: Avocados gehören zu den Lorbeergewächsen. Die Früchte sind birnenförmig und können je nach Sorte von nur wenigen Zentimetern bis zu 25 cm groß werden. Die Schale ist glatt oder narbig, die Farbe reicht von Grün über Purpur bis zu Schwarz. Bei uns kommen am häufigsten die mittelgroßen Sorten in den Handel, die eine grüne glatte bis narbige Schale haben.

Worauf man achten sollte: Obwohl Avocados häufig zum Gemüse gerechnet werden, gehören sie eigentlich zum Obst. Sie können nämlich nur roh verzehrt werden, da sich beim Kochen Bitterstoffe bilden. Avocados haben den richtigen Reifegrad, wenn das Fruchtfleisch butterweich und streichfähig ist. Dann gibt die Schale auf Druck ein wenig nach, und beim Schütteln der Frucht ist der Kern im Innern zu hören.

Lagerung und Haltbarkeit: Avocados werden in den Erzeugerländern unreif geerntet und reifen auf dem Transport nach. Genauso können wir sie auch zu Hause bei Zimmertemperatur nachreifen lassen, wenn sie noch zu fest sein sollten. Im Kühlschrank halten sich reife Früchte drei bis vier Wochen. Allerdings eignen sie sich nicht zum Einfrieren. Um festzustellen, ob eine Avocado reif genug ist, sticht man mit einem Zahnstocher am dünneren Ende der Frucht in das Fruchtfleisch. Wenn er sich leicht einstechen und wieder herausziehen läßt, ist der richtige Reifegrad erreicht.

Verarbeitung: Um an das Fruchtfleisch der Avocado zu gelangen, halbiert man die Früchte und löst den großen Kern

Für den Avocado-Krabben-Cocktail muß das Fruchtfleisch der Avocados zunächst püriert werden. Der Cocktail sollte nach der Zubereitung sofort frisch verzehrt werden. Er ist nicht für längere Lagerung geeignet.

heraus. Das Fruchtfleisch kann man mit einem Löffel leicht herauslösen. Man kann aber auch die Frucht schälen, halbieren, den Kern entfernen und das Fruchtfleisch in Scheiben schneiden.

Avocados besitzen das beste Aroma, wenn sie nicht zu kalt sind und wenn sich das Fruchtfleisch leicht herauslösen läßt und streichfähig ist. Dann kann man es einfach mit Pfeffer und Salz gewürzt als pikanten Brotaufstrich verwenden. Man kann es aber auch noch mit einigen Zutaten verfeinern.

Sorten: Von den über 400 existierenden Avocado-Sorten kommen nur wenige bei uns auf den Markt. Es ist nicht allgemein üblich, z. B. wie bei Äpfeln, beim Verkauf die Sortennamen anzugeben. Die geschmacklichen Unterschiede der Früchte sind auch nicht so gravierend. Geschmacklich besonders gut sind die kleinen Früchte mit der rauhen, narbigen Schale, die eine fast schwarze Färbung annehmen kann. Sie kommen im Frühjahr in den Handel. Das restliche Jahr über finden wir vor allem die größeren birnenförmigen Früchte mit der glatten, grünen Schale im Angebot. Je nach Sorte kann die Schale matt oder glänzend sein.

Avocado als Brotaufstrich

1 Avocado
1 Zwiebel
1 Knoblauchzehe
1 Eßlöffel Creme fraîche
4 Scheiben gekochter Schinken
4 Scheiben Graubrot

Das Fruchtfleisch der Avocado mit dem Pürierstab oder einer Gabel pürieren. Zwiebel und Knoblauchzehe schälen und sehr fein zerkleinern. Mit dem Avocadomus und der Creme fraîche vermischen und mit Salz und Pfeffer würzen. Mit der Paste die Brote bestreichen und mit je einer Scheibe gekochtem Schinken belegen.

Avocado-Champignon-Salat mit Lachsschinken

1 Avocado (ca. 300 g)
250 g frische Champignons
250 g Lachsschinken
2 rote Zwiebeln
1 Bund glatte Petersilie
3 Eßlöffel Sherryessig
1 Teelöffel Dijonsenf
6 Eßlöffel Öl
1 Teelöffel Zitronensaft
1 Prise Zucker
Salz
frisch gemahlener Pfeffer

Aus Essig, Öl, Senf, Salz, Pfeffer und Zucker ein Salatdressing zubereiten. Die Champignons putzen, möglichst nicht waschen, und längs in Scheiben schneiden. Sofort mit dem Dressing vermischen. Die Zwiebeln schälen und in Ringe schneiden und dazugeben. Die Avocado schälen und das Fruchtfleisch in Scheiben schneiden. Sofort mit Zitronensaft beträufeln und vorsichtig unter den Salat geben. Petersilie waschen, abtropfen, auseinanderzupfen und über den Salat streuen. Die Schinkenscheiben aufrollen und an den Rand der Salatschüssel setzen. Den Schinken nicht mit dem Salat vermischen, da er sonst weich wird. Mit Vollkornbrot servieren.

Avocado-Krabben-Cocktail

1 große Avocado
200 g geschälte Krabben
1 Eßlöffel Zitronensaft
1 Zwiebel
200 g Frischkäse
2 Eßlöffel Creme fraîche
Salz
Worcestersauce
Eissalat zum Anrichten

Die Zwiebel schälen und sehr fein hakken. Das Avocado-Fruchtfleisch mit der Zwiebel, dem Frischkäse, der Creme fraîche und dem Zitronensaft cremig rühren und mit Salz und Worcestersauce abschmecken. Zuletzt die Krabben vorsichtig unterziehen. In Cocktail-Gläsern mit einem Blatt Eissalat anrichten und mit einer Scheibe Baguette servieren.

Weitere Rezepte:
Litschi-Avocado-Salat, Seite 69
Avocado-Sauce mit Sesam, Seite 114

Babaco
Carica pentagona

Die gurkenförmige Babaco ist eine nahe Verwandte der Papaya. Sie wird bis zu 30 cm lang und hat einen Durchmesser bis 10 cm. Der Querschnitt ist fünfeckig, wobei die Ecken stark abgerundet sind. Die Schale ist zunächst grün und verfärbt sich mit zunehmender Reife gelb. Im Gegensatz zur Schale der Papaya ist die Schale der Babaco eßbar. Das gelblichweiße Fruchtfleisch ist weich und saftig. Im Innern der Frucht befindet sich ein Hohlraum mit schwammigem, weißem Gewebe und

Fasern, in das die Samen (wenn vorhanden) eingebettet sind. Dieses Gewebe muß vor dem Verzehr entfernt werden.
Lagerung und Haltbarkeit: Wenn die Früchte noch grün sind, sollte man sie bei Zimmertemperatur nachreifen lassen. Eine goldgelbe Farbe zeigt den richtigen Reifegrad an. Dann sollten die Früchte im Kühlschrank gelagert und innerhalb von 3–4 Tagen verwertet werden. Werden Babacos zu lange gelagert, beginnen sie zu gären.
Verarbeitung: Babacos sind reich an Vitamin C und Mineralstoffen. Sie haben einen säuerlichen, erfrischenden Geschmack und sind daher gute Durstlöscher. Babacos können quer in Scheiben geschnitten als Kuchenbelag oder in Obstsalaten verwendet oder fein püriert zu einer Creme oder zu Saft verarbeitet werden.

Babaco-Drink

1 Babaco
Eiswürfel
Mineralwasser
Limettenscheiben

Die Babaco gründlich waschen, abtrocknen und mit einem Pürierstab sehr fein zermusen. Hohe Longdrink-Gläser etwa ein Drittel mit dem Babaco-Saft füllen. Eiswürfel hinzugeben, mit Mineralwasser auffüllen und mit einer Limettenscheibe garnieren. Guter Durstlöscher für heiße Tage.

Bambus
Dendrocalamus hamiltonii
und andere Bambus-Arten

Herkunft: Bambus gehört zu den Gräsern. Seine ursprüngliche Heimat ist Burma. Heute wird diese Pflanze überall in den Tropen angebaut. Sie bevorzugt feuchte Standorte und kann eine Höhe von 30 bis 40 Metern erreichen. Das Wachstum kann 30–50 cm pro Tag betragen.
Wissenswertes: Die Bambuspflanze zeigt ein ungewöhnliches Phänomen. Sie blüht nur sehr selten. Zwischen zwei Blühperioden können Jahrzehnte bis zu einem Jahrhundert vergehen. Wenn aber eine bestimmte Bambusart zu blühen anfängt, blühen alle Exemplare dieser Art weltweit zur selben Zeit. Bei vielen Bambusarten stirbt die Pflanze ab, wenn sich die Samen nach erfolgreicher Befruchtung entwickelt haben. Aus ihnen wächst dann die neue Bambus-Generation hervor.
Worauf man achten sollte: Bambus gehört zu den Gemüsen. Die jungen Triebe, die eine gelbliche bis hellbraune Farbe besitzen, kommen bei uns als 'Bambussprossen' in den Handel. Sie sind aus der asiatischen Küche bekannt. Allerdings ist frischer Bambus bei uns nicht erhältlich. Wir müssen daher auf den in Dosen konservierten Bambus zurückgreifen. In den Konservendosen sind mehrere bis zu etwa 10 cm lange, geschälte Stücke enthalten. Abhängig davon, aus welchem Triebabschnitt sie stammen, können sie unterschiedlich dick sein.
Verarbeitung: Zur weiteren Verarbeitung läßt man den Bambus abtropfen und schneidet ihn in dünne Scheiben oder schmale Stifte.

Chinapfanne mit Bambus

350 g Putenschnitzel
1 Dose Bambussprossen
200 g Sojasprossen (möglichst frisch, sonst aus dem Glas)
1 Karotte
0,5 l kräftige Hühnerbrühe
Stärkemehl
Pflanzenöl zum Anbraten
Sojasauce
Asiatischer Duftreis als Beilage

Das Fleisch in mundgerechte Stücke schneiden. Die Hühnerbrühe mit Stärkemehl andicken, so daß keine Klümpchen entstehen. Das Fleisch in der Brühe einlegen und mindestens 2 Stunden ziehen lassen. Den Bambus abtropfen lassen und in feine, nicht zu große Scheiben schneiden. Die Sojasprossen waschen und abtropfen lassen. Die Karotte in feine Stifte schneiden. In einer Pfanne das Öl erhitzen. Das Fleisch aus der Brühe nehmen und rundherum anbraten. Danach aus der Pfanne nehmen und in einer Schüssel warmstellen. Anschließend den Bambus in Öl anbraten und mit Sojasauce kräftig würzen. Die Bambusstücke mit der Sojasauce zum Fleisch geben. Dann die Karottenstifte in Öl schmoren und zum Fleisch geben. Zuletzt die Sojasprossen in Öl kurz dünsten. Anschließend alle Zutaten noch einmal in die Pfanne geben, kurz erhitzen und mit Sojasauce abschmecken. In der Zwischenzeit den Reis garen. Gut schmeckt zu diesem Gericht chinesischer Pflaumenwein. Dieses Gericht kann natürlich auch in einem Wok zubereitet werden.

Brotfrucht und Jackfrucht
Artocarpus altilis und
A. heterophyllus

Herkunft: Die Brotfrucht stammt ursprünglich aus Malaysia und wird heute in allen Tropengebieten angebaut.

Die Jackfrucht ist eng verwandt mit der Brotfrucht und stammt aus Vorderindien. Der Baum wurde schon vor Jahrtausenden in Indien und Ceylon kultiviert. Im 16. Jahrhundert brachten ihn die Portugiesen nach Brasilien und in die Karibik. Hier wurde er schon lange vor den Brotfruchtbäumen genutzt.

Wissenswertes: Die Brotfrucht gehört zu den Maulbeergewächsen. Ähnlich wie die kleinen Maulbeeren ist auch die Brotfrucht keine Einzelfrucht, sondern ein Fruchtstand, der sich aus 16–24 kastaniengroßen Nußfrüchten zusammensetzt. Die Brotfrucht hat eine kugelige Form, erreicht einen Durchmesser von 20–30 cm und ist im reifen Zustand gelb. Die Schale ist in zahlreiche warzige Felder unterteilt.

Mit der Brotfrucht ist eine berühmte Geschichte verbunden: Im Jahre 1789 ließ Kapitän Bligh 1000 junge Brotfruchtbäume für den Export nach Europa auf sein Schiff »Bounty« verladen. Auf dem Rückweg kam es zu der berühmten Meuterei. Nach seiner Rettung unternahm der Kapitän eine neue Brotfrucht-Expedition, und so wurde die Pflanze weit verbreitet.

Die Früchte können bis zu 2 kg schwer werden. Sie werden normalerweise grün geerntet. Sie enthalten 20–22 % Stärke. Das unreife Fruchtfleisch wird gekocht oder gebacken und stellt in den Erzeugerländern ein wichtiges Lebensmittel dar. Im reifen Zustand ist das Fruchtfleisch goldgelb. In den Ursprungsländern wird es zu einer käsigen Masse vergoren, die lange haltbar ist. Das Fruchtfleisch schmeckt süß, aber etwas streng.

Wissenswertes. Der faulige Geruch der bis zu 40 kg schwer werdenden Fruchtstände läßt sich durch Einlegen in Salzwasser beseitigen. Als Besonderheit tragen die Jackfruchtbäume ihre Früchte am Stamm und nicht wie üblich an den Zweigen.

Worauf man achten sollte: Sowohl Brotfrucht als auch Jackfrucht sind bei uns nur selten auf dem Markt zu finden, vielleicht, weil die Früchte den Transport nicht so gut überstehen, vielleicht aber auch, weil sich der westliche Gaumen nicht so sehr mit dem eigenartigen Geschmack dieser Früchte anfreunden kann. Wer die Möglichkeit hat, solch eine Frucht zu bekommen, sollte sie aber einmal probieren. Die riesigen Jackfrüchte werden, in Scheiben geschnitten, nach Gewicht verkauft.

Verarbeitung: Schneidet man die Fruchtstände auf, entdeckt man die zahlreichen Einzelfrüchte im Innern. Das gelbe Fruchtfleisch ist von einer Haut umhüllt, die abgezogen werden muß. Im Innern jeder Einzelfrucht befindet sich ein großer Same. Das Fruchtfleisch kann roh oder gegart als Gemüse gegessen werden. Die bei der Jackfrucht bis zu 5 cm groß werdenden Samen sind nur gekocht oder geröstet eßbar. Sie erinnern in ihrem Geschmack an Eßkastanien.

Chayote
Sechium edule

Herkunft: Die Heimat der Chayote ist Brasilien. Sie wurde bereits von den Azteken kultiviert und kommt heute im Wildzustand nicht mehr vor. Sie wird in Amerika, Westafrika und auf den Westindischen Inseln und den Philippinen angebaut. Die Frucht kommt bei uns in den Wintermonaten auf den Markt.

Wissenswertes: Die Chayote gehört zu den Kürbisgewächsen und wird auch Schuschu genannt. Die Früchte sind birnenförmig und werden 8–15 cm lang. Die Schale ist grün bis gelbgrün gefärbt, an der Basis runzelig und häufig mit weichen Stacheln besetzt. In der Mitte der Frucht befindet sich ein großer Same, der schon im Fruchtinnern zu keimen beginnt. Er wird nicht mitgegessen. Die Chayote kann bis zu 500 g schwer werden. Als gurkenähnliche Frucht ist sie kalorienarm, besitzt aber auch nicht viele Vitamine. Das helle Fruchtfleisch ist ziemlich wäßrig und hat nicht sehr viel Aroma.

Lagerung und Haltbarkeit: Sind die Früchte noch nicht vollreif, kann man sie wochenlang im Gemüsefach des Kühlschranks lagern.

Verarbeitung: Chayoten können sowohl süß als auch pikant zubereitet werden. Zunächst muß man die Früchte schälen und entkernen. Dann werden sie halbiert oder in Stücke geschnitten in nicht zu viel Wasser gegart. Halbierte Früchte benötigen bis zu 40 Minuten Kochzeit, kleingeschnittene 15–20 Minuten. Danach kann man sie heiß oder kalt weiter verwenden, zum Beispiel pikant gewürzt als Gemüsebeilage oder gesüßt als Kompott oder in Obstsalaten.

Gratinierte Chayoten

2 Chayoten
350 g gemischtes Hackfleisch
1 große Zwiebel
1 Ei
4–5 Eßlöffel Semmelbrösel
1 halber Teelöffel Majoran
1 halber Teelöffel Thymian
Pfeffer
Salz
100 g geriebener Emmentaler
Butter

Die Chayoten schälen, halbieren und nicht zu weich garen. Dann die Hälften aushöhlen und das Fruchtfleisch kleinschneiden. Die Zwiebel schälen und fein hacken. Das Fruchtfleisch, die Zwiebel, das Ei, die Semmelbrösel und die Gewürze mit dem Hackfleisch vermischen. Mit Salz und Pfeffer abschmecken. Die Masse in die ausgehöhlten Chayotenhälften füllen, mit dem Käse bestreuen und Butterflöckchen daraufsetzen. Die Chayoten in eine feuerfeste Auflaufform setzen und etwa 50 Minuten bei 200 °C backen. Mit einer scharfen Tomatensauce servieren.

Chayoten-Dessert

1 Chayote
1 kleine Dose Fruchtcocktail
1 Schuß Weinbrand
Zucker
Saft einer Zitrone
geschlagene Sahne

Die Chayote halbieren, entkernen und weichdünsten. Danach die beiden Hälften so weit wie möglich aushöhlen. Das Fruchtfleisch mit den Früchten mischen und mit Weinbrand, Zucker und Zitronensaft abschmecken. Den Obstsalat in die Chayotenhälften füllen und mit einer Sahnehaube garnieren.

Cherimoya
Annona cherimola

Herkunft: Die Heimat der Cherimoya sind die Andengebiete Ecuadors und Perus, bevorzugt in Lagen über 800 m Höhe. Die Frucht war schon bei den Inkas bekannt. Ihr Name bedeutet 'kalter Samen'. Heute werden Cherimoyas auch in Afrika (besonders in Israel) und auch in Spanien angebaut. Bei uns in Mitteleuropa werden sie besonders häufig in den Wintermonaten angeboten.
Wissenswertes: Die Cherimoya ist eine der besten tropischen Obstarten. Wegen des cremefarbenen Fruchtfleisches und des sahnigen Geschmacks wird die Frucht auch Rahmapfel oder Cremefrucht genannt. Die Cherimoya zählt zur Gruppe der Annonengewächse. Die Früchte sind erdbeerförmig und werden bis zu 20 cm groß. Die ledrige Haut sieht aus, als wäre sie aus Schuppen zusammengesetzt.
Worauf man achten sollte: Cherimoyas sind recht druckempfindlich. Hat die Schale noch eine grüne Farbe, sollte man die Früchte bei Zimmertemperatur nachreifen lassen, bis sie beginnen, sich bräunlich zu verfärben. Reife Früchte geben auf Druck nach und sollten dann ziemlich bald verzehrt werden.
Lagerung und Haltbarkeit: Einige Tage kann man Cherimoyas im Kühlschrank aufbewahren. Das pürierte Fruchtfleisch kann man in kleinen, dichtschließenden Gefäßen für einige Monate einfrieren.

In das weiche Fruchtfleisch der Cherimoya können bis zu 80 große, schwarzglänzende Samen eingebettet sein, die vor dem Verzehr entfernt werden müssen. Die ledrige Haut weist eine Art Schuppenmuster auf.

Verarbeitung: Mit zunehmender Reife verfärbt sich die Schale der Cherimoya von Grün nach Braun. Sie kann nicht mitgegessen werden. Das weißliche Fruchtfleisch ist sehr weich und läßt sich leicht mit einem Löffel herauslösen. Allerdings befinden sich im Innern der Frucht mindestens 30–40, manchmal sogar bis zu 80 schwarze, 1–1,5 cm lange, glatte, glänzende Samen, die ungenießbar sind. Das Fruchtfleisch schmeckt süß und sahnig. Das Aroma erinnert an eine Kreuzung aus Ananas, Banane und Papaya. Noch treffender könnte man den Geschmack mit dem von Weingummi vergleichen. Cherimoyas ißt man am besten pur, damit das feine Aroma nicht von anderen Geschmacksrichtungen beeinflußt wird. Das Fruchtfleisch ist reich an Vitamin C und B.

Verwandte Arten: Neben der Cherimoya gibt es noch drei andere Annonen-Arten, die bei uns aber nur selten zu finden sind:

Netzannone *(A. reticulata)*
Die Netzannone oder Ochsenherzannone wird 7–13 cm groß. Auf der braunroten Schale zeichnet sich ein Netzmuster aus fünfeckigen Feldern ab. Das Fruchtfleisch ist sehr süß und elfenbeinfarben.

Schuppenannone *(A. squamosa)*
Die Schuppenannone, auch Zuckerapfel oder Süßsack genannt, wird 7–10 cm groß und besitzt eine bucke-

lige Oberfläche. Die grüne Schale ist mit bläulichem oder weißem Reif überzogen. Zur Verwertung des relativ geringen Fruchtfleischanteils passiert man die Früchte durch ein Sieb.

Stachelannone *(A. muricata)*
Die Stachelannone oder der Sauersack erreicht die Größe einer Wassermelone und wiegt 2–3 kg. Dornig-fleischige Anhängsel ragen über die Außenfläche heraus.

Cherimoya-Creme

2 Cherimoya
3 Eier
3 Eßlöffel Zucker
1 Päckchen Vanillinzucker
3 Eßlöffel Rum
250 ml Sahne
Muskat
Kardamom

Die Cherimoyas werden entkernt und das Fruchtfleisch wird kleingeschnitten. Eier, Zucker und Rum werden schaumig gerührt. Dann gibt man das Fruchtfleisch dazu und würzt mit etwas Muskat und Kardamom. Anschließend zieht man die steifgeschlagene Sahne darunter. Die Creme wird portionsweise in Schalen verteilt, für eine halbe Stunde kaltgestellt und dann serviert.

Cherimoya-Salat

2 kleine Orangen
1 große Cherimoya (ca. 400 g)
2 Kaktusfeigen
1 Eßlöffel Zitronensaft
2 Eier
50 g Puderzucker
1 Päckchen Vanillinzucker
1 Prise Zimt
125 ml trockener Sherry
geriebene Muskatnuß

Orangen schälen und anschließend quer in dünne Scheiben schneiden und in einer flachen Schale anrichten. Die Cherimoya in Achtel schneiden. Das Fruchtfleisch aus der Schale lösen, die Kerne von dem Fruchtfleisch entfernen und dieses in Würfel schneiden. Die Kaktusfeigen schälen, längs vierteln und in Scheiben schneiden. Mit dem Cherimoya-Fruchtfleisch vermischen, auf die Orangenscheiben geben und sofort mit dem Zitronensaft beträufeln. Kalt stellen.

Die Eier mit Puderzucker, Vanillinzukker und Zimt verquirlen, bis sich der Vanillinzucker ganz aufgelöst hat. Die Mischung unter ständigem Rühren mit dem Schneebesen erwärmen und dickcremig aufschlagen. Dabei langsam den Sherry einlaufen lassen. Die Mischung darf nicht kochen, sonst gerinnen die Eier. Die Sauce vom Herd nehmen und solange weiterrühren, bis sie fast abgekühlt ist. Dann über die angerichteten Früchte gießen und mit einem Hauch geriebener Muskatnuß überstäuben.

Chiku
Manilkara zapota

Herkunft: Die etwas unansehnlichen Früchte sind nicht sehr häufig bei uns zu erhalten. Wegen des weichen Fruchtfleisches sind sie sehr empfindlich und schwer zu transportieren. Chikus stammen aus den Tropen Amerikas, werden heute aber in fast allen tropischen Gebieten der Erde angebaut.

Die Chiku gelangt bei uns nur selten in den Handel, da sie recht druckempfindlich ist. Die kartoffelbraune, rauhe Schale ist nicht genießbar. Das weiche Fruchtfleisch schmeckt sehr süß und wird am besten pur verzehrt.

Entdeckt man Chikus in der Obsttheke, sollte man auf jeden Fall einige Früchte zum Probieren mit nach Hause nehmen.

Wissenswertes: Chikus sind eiförmige, 5–8 cm lange Früchte mit einer kartoffelbraunen, weichen, rauhen Schale, die nicht gegessen werden kann. Das gelbliche bis braunrote Fruchtfleisch ist sehr weich. Daher trägt die Frucht auch den Namen Breiapfel. Im Innern der Frucht befinden sich ein bis vier große, schwarze Samen, die ungenießbar sind.

Die Chiku ist die Frucht eines Baumes, der auch Kaugummibaum genannt wird. Ritzt man nämlich den Stamm dieses Baumes an, tritt ein latexhaltiger Saft aus, der die Ausgangssubstanz für Kaugummi liefert. Im englischen wird dieser Baum 'chicle tree' genannt, daher rührt der Name 'Chiku'.

Worauf man achten sollte: Chikus sollten nur vollreif verzehrt werden. Die Früchte geben dann auf Druck nach. Unreife Früchte enthalten den Gerbstoff Tannin.

Lagerung und Haltbarkeit: Wegen des weichen Fruchtfleisches sind die Früchte sehr empfindlich und nicht lange haltbar. Sobald sie auf Druck nachgeben, sollten sie möglichst schnell gegessen werden.

Verarbeitung: Zum Verzehr schneidet man die Früchte längs auf und entfernt die Samen. Dann kann man das Fruchtfleisch auslöffeln. Man kann die Früchte auch vorsichtig schälen, das

Die Dattel gehört trotz der ungewöhnlichen Form und ihres großen Kerns zu den Beerenfrüchten. Der Kern ist mit einem silbrig glänzenden Häutchen umgeben und muß vor dem Verzehr entfernt werden.

Fruchtfleisch zerschneiden und pur essen oder Obstsalaten beimischen.

Das Fruchtfleisch ist sehr süß. Es schmeckt so ähnlich wie das der Cherimoya. Allerdings ist es nicht so sahnig. Der Geschmack könnte verglichen werden mit einer Mischung aus Dattel und Banane. Das Fruchtfleisch besitzt dieselbe feinkörnige Konsistenz wie das einer weichen Birne.

Dattel
Phoenix dactylifera

Herkunft: Die Dattel ist die Frucht der Dattelpalme. Wo die Dattelpalme ursprünglich herstammt, ist nicht genau bekannt. Seit mindestens 3000 v. Chr., vermutlich schon viel früher, wurde sie in Persien angebaut, so daß ihr Ursprung schwer festzustellen ist. Man vermutet, daß er in Nordafrika und Vorderasien liegt. Heute ist die Dattelpalme eine typische Pflanze der Randtropen.

Wissenswertes: Datteln werden etwa 5 cm lang und haben eine goldgelbe bis braunrote, glatte, eßbare Schale. Das Fruchtfleisch ist hell und fest. In der Mitte befindet sich ein großer Kern mit einer Längsfurche. Dort, wo das Fruchtfleisch den Kern umhüllt, weist es häufig einen silbrigen Glanz auf. Die Dattel stellt für die Bevölkerung ihrer Heimatländer ein wichtiges Grundnahrungsmittel dar. Das Fruchtfleisch enthält 60–70 % Zucker. Es gibt etwa 40 verschiedene Kulturformen, die zu unterschiedlichen Zeiten reifen. Aus dem

Stamm der Wildform *Phoenix silvestris* wird Saft abgezapft und zu Palmwein vergoren.

Datteln enthalten viel Eisen und Vitamin B und sind daher sehr gesund. Wegen ihres hohen Zuckergehaltes ist natürlich auch der Kaloriengehalt recht hoch.

Worauf man achten sollte: Schon früher wurden Datteln zur Weihnachtszeit bei uns in getrockneter Form angeboten. Heute bekommt man sie aber auch häufig frisch. Die Früchte hängen dann oft noch an den Stielen, denn sie reifen in großen, rispenförmigen Fruchtständen. Sie sollten fest sein und eine glatte, noch nicht schrumpelige Schale besitzen.

Lagerung und Haltbarkeit: Im getrockneten Zustand halten sich Datteln bei Raumtemperatur fast unbegrenzt. Aber auch frische Früchte kann man monatelang im Kühlschrank aufbewahren, am besten in einem dicht schließenden Gefäß. Sogar zum Einfrieren sind sie geeignet.

Verarbeitung: Datteln können roh oder gegart verzehrt werden. Zuvor muß der große Stein entfernt werden. Die glatte Schale kann abgezogen, aber ebensogut mitgegessen werden.

Gefüllte Datteln

12 Datteln
24 geschälte Pistazien
250 g Marzipanrohmasse
200 g Puderzucker
1 Päckchen Vollmilch-Kuvertüre

Die Datteln auf einer Seite der Länge nach aufschneiden und den Kern entfernen. Je zwei Pistazien in die Dattel setzen und die Frucht wieder schließen. Die Marzipanrohmasse mit dem Puderzucker verkneten und dünn ausrollen. Vierecke ausschneiden und die Datteln damit umhüllen. Die Kuvertüre schmelzen und die umhüllten Datteln zur Hälfte eintauchen. Auf einem Gitter auskühlen lassen.

Beim Füllen von Datteln sind der Phantasie keine Grenzen gesetzt. Die Früchte werden auf einer Seite längs aufgeschnitten, und der Kern wird herausgelöst. So vorbereitet, kann man sie je nach Geschmack süß oder pikant füllen.

Einige Füllungen

- mit flüssiger Kuvertüre oder Nougatstückchen füllen und mit Pistazien oder Mandeln verzieren
- Kandierte Früchte und Mandeln klein hacken, vermischen und in die Datteln füllen
- Datteln schälen, mit Emmentaler-Käse füllen, mit Speck umwickeln und grillen
- Frischkäse mit Kräutern oder mit Curry würzen, eventuell mit etwas Milch glattrühren und in die Datteln füllen

Hühnerbrust mit Dattelsauce

2 Hühnerbrüste
1 Zwiebel
2 rote Paprikaschoten
125 ml klare Instant-Hühnerbrühe
heller Saucenbinder
10 Datteln
1 Becher Creme fraîche
50 g Mandelblättchen
Öl
Curry
Salz
Pfeffer

Die Hühnerbrüste mit Curry, Salz und Pfeffer einreiben. In heißem Öl rundherum anbraten. Die Zwiebel schälen, fein hacken und dazu geben. Die Paprika waschen, entkernen und in feine Streifen schneiden. Ebenfalls mitschmoren. Mit der Hühnerbrühe auffüllen und 30 Minuten köcheln lassen. Danach das Fleisch aus der Sauce nehmen und warm stellen. Die Sauce durch ein Sieb passieren und mit dem Saucenbinder etwas andicken. Die Datteln halbieren, entkernen und in die Sauce geben. Die Creme fraîche unterrühren. Mit Curry, Salz und Pfeffer abschmekken. Die Mandelblättchen kurz in einer fettfreien Pfanne rösten. Das Fleisch auf einer Platte anrichten, mit der Sauce übergießen und mit Mandelblättchen bestreuen. Dazu paßt Reis, am besten eine Mischung aus Wildreis und Naturreis.

Dattelklößchen mit Orangensauce

16 frische Datteln
200 g Mehl
175 g Magerquark
2 Eigelb
40 g Butter
1 halber Teelöffel Backpulver
1 Prise Salz
50 g Orangeat

Oben: Die gefüllten Datteln werden mit der Marzipanmasse umhüllt und anschließend zur Hälfte in Kuvertüre getaucht und auf einem Gitter getrocknet.

Unten: Datteln eignen sich gut zur Zubereitung von besonders feinem, aber auch sehr kalorienreichem Konfekt.

Für die Sauce:
5 Orangen
1 Zitrone
4 Mandarinen
0,1 l Weißwein
1 Päckchen Vanillinzucker
1 Eßlöffel Speisestärke
1 Eßlöffel Öl
4 cl Orangenlikör

Mehl, Quark, Backpulver, Eigelb und Salz zu einem glatten Teig verarbeiten. Die Butter schmelzen lassen und nach und nach dem Teig zufügen. Den Teig etwas ruhen lassen.

Die Datteln längs an einer Seite aufschneiden und den Kern entfernen. Das Orangeat fein hacken und die Datteln damit füllen. Aus dem Teig 8 Klöße formen und jeden Kloß mit zwei Datteln füllen.

Reichlich Salzwasser zum Kochen bringen und die Klöße hineingeben. Dann das Wasser noch einmal aufkochen und bei geringerer Hitze etwa 15 Minuten lang garziehen lassen.

Für die Fruchtsauce die Orangen und die Zitrone schälen. Die weißen Häute möglichst entfernen. Das Fruchtfleisch klein schneiden und mit dem Weißwein, dem Zucker und dem Vanillinzucker aufkochen. Die Speisestärke mit etwas Wasser verquirlen, in die Fruchtmischung rühren und das Ganze noch einmal für etwa 30 Sekunden aufkochen lassen und dann vom Herd nehmen. Die Mandarinen schälen, die weißen Häute entfernen und das Fruchtfleisch klein schneiden. Zusammen mit dem Orangenlikör unter die Sauce mischen.

Die Dattelklöße mit einem Schaumlöffel aus dem Wasser nehmen, gut abtropfen lassen und mit der Sauce heiß servieren.

Die Feige ist nur eine Scheinfrucht. Die winzigen Nüßchen, die in das rötliche Fruchtfleisch eingebettet sind, sind die eigentlichen Früchte. Zum Rohverzehr können die Feigen halbiert und ausgelöffelt werden.

Feige
Ficus carica

Herkunft: Feigen stammen aus Vorderasien. Etwa 700 v. Chr. gelangte die Pflanze nach Griechenland und wurde dann immer weiter verbreitet. Heute wird sie in fast allen subtropischen Ländern angebaut.
Wissenswertes: Der Feigenbaum gehört zu den Maulbeergewächsen. Die birnenförmigen oder kugeligen Früchte werden bis zu 8 cm groß. Die Schale ist im reifen Zustand je nach Sorte grün bis dunkelviolett. Feigen sind eigentlich nur Scheinfrüchte, die sich aus dem Blütenstand entwickeln. Die eigentlichen Früchte sind die zahlreichen winzigen Nüßchen im Innern. Das Fruchtfleisch ist hellrosa oder rötlich gefärbt. Feigen enthalten viel Fruchtzucker und wirken verdauungsfördernd und blutreinigend.
Worauf man achten sollte: Schon früher waren getrocknete Feigen bei uns besonders zur Weihnachtszeit erhältlich. Die getrockneten Früchte nehmen eine ganz braune Farbe an und sind sehr süß. Von der typischen Form der Frucht ist nicht mehr viel zu erkennen. Da Feigen eine weiche Schale besitzen und sehr druckempfindlich sind, haben sie früher den weiten Weg aus ihrem Erzeugerland nicht überstanden und waren deshalb frisch bei uns nicht erhältlich. Seit aber die Transportwege schneller geworden sind und auch empfindliche Früchte in Kühlwagen schonend transportiert werden können, findet man frische Feigen auch bei uns.

Lagerung und Haltbarkeit: Feigen sollte man innerhalb weniger Tage nach dem Kauf verzehren, da durch lange Lagerung die Qualität leidet. Sie werden am besten im Kühlschrank aufbewahrt, wo man sie nebeneinander auf ein Stück Küchenkrepp legt.
Verarbeitung: Bei dünnschaligen Früchten kann die Schale mitgegessen werden. Bei den dickschaligeren Sorten ist sie zwar auch genießbar, sollte aber vor dem Verzehr entfernt werden. Man kann die frischen Früchte einfach auslöffeln. Hierzu schneidet man das stumpfe Ende der Feige ab und viertelt sie, indem man sie in Längsrichtung tief einschneidet. Dann klappt man die Teile auseinander und hebt das Fruchtfleisch mit einem Löffel oder kleinen Messer ab. Man kann die Haut auch abziehen und das Fruchtfleisch dann in Stücke geschnitten weiterverarbeiten. Feigen eignen sich gleichermaßen für süße Desserts wie als Beilage zu kräftig gewürzten Speisen, vorzüglich als Vorspeisen zu Schinken oder Schafskäse. In Zuckersirup oder süßsauer eingelegt sind sie eine haltbare Delikatesse.
Sorten: Es gibt über 100 verschiedene Feigensorten. Bei uns kommen Früchte mit grüner und violett gefärbter Schale in den Handel. Die Schale ist meistens grau bereift. Die helleren Sorten sind meist dünnschaliger und saftiger als die dunklen Sorten.

Corn Flakes exotisch

40 g Corn Flakes
1 Feige
1 halbe Banane

Feigen lassen sich mit verschiedenen Schinkensorten zu pikanten Häppchen verarbeiten. Mit Meerrettichsahne und Karambola-Scheiben garniert werden sie zum Blickfang auf jedem kalten Buffet.

1 Eßlöffel Rosinen
1 Eßlöffel gehackte Haselnüsse
200 g Dickmilch
Saft einer Blutorange

Die Feige schälen und zerkleinern. Die Banane in Scheiben schneiden. Die Corn Flakes locker mit den Früchten vermischen. Rosinen und Haselnüsse darüberstreuen. Die Dickmilch mit dem Blutorangensaft verquirlen und darübergeben.

Feigen in Bierteig

12 Feigen
Für den Bierteig:
125–150 g Mehl
125 ml Bier
2 Eßlöffel Öl
2 Eigelb
1 Prise Salz
2 Eiweiß
40 g Zucker
Puderzucker zum Bestäuben

Die Feigen vorsichtig waschen und trockentupfen. Die Friteuse oder einen Topf mit Fritierfett erhitzen.

Das Mehl mit dem Bier, dem Öl, dem Eigelb und dem Salz schnell glattrühren. 10 Minuten quellen lassen. Dann das Eiweiß mit dem Zucker zu steifem Schnee schlagen und unter den Teig heben.

Die Feigen in den Bierteig tauchen und im schwimmenden Fett ausbacken, bis sie goldbraun sind. Mit einem Schaumlöffel herausheben und auf Küchenkrepp abtropfen lassen. Je drei Feigen auf Desserttellern anrichten. Mit Puderzucker bestäuben und heiß servieren. Dazu passen auch Vanille-Eis und Schlagsahne.

Pikante Feigen-Häppchen

12 Feigen
8 Scheiben Lachsschinken
8 Scheiben Bündner Fleisch
8 Scheiben kalter Braten
Meerrettichsahne

Die Feigen vorsichtig waschen und trockentupfen. Längs halbieren und mit der Schnittkante nach oben auf einer Platte anrichten. Je mit einer Scheibe Lachsschinken, Bündner Fleisch und kaltem Braten belegen. Mit einem Tupfer Meerrettichsahne garnieren.

Feijoa
Acca sellowiana

Diese rundliche bis birnenförmige Frucht ist eng mit der Guave verwandt. Feijoas werden bis zu 9 cm lang. An der Unterseite der Früchte haften noch die vertrockneten Kelchblätter. Die Schale ist wachsartig und dunkelgrün. Manchmal sind die Früchte auf der sonnenzugewandten Seite leicht rötlich gefärbt. Das Fruchtfleisch ist gelblich bis hellgrün, weich und saftig. Wie bei der Guave können die zahlreichen Samen mitgegessen werden.
Herkunft: Die Feijoa stammt aus dem subtropischen Brasilien und wird heute in Südamerika und im Süden der USA angebaut.
Lagerung und Haltbarkeit: Feijoas reifen bei Zimmertemperatur nach. Wenn sie auf leichten Druck nachgeben, ist der richtige Reifegrad erreicht. Dann können sie noch einige Tage im Kühlschrank aufbewahrt werden, sollten aber bald verzehrt werden.
Verarbeitung: Die Feijoa wird am besten frisch verzehrt. Der Geschmack er-

Die zahlreichen, getreidekornförmigen Samen des Granatapfels sind von rotem Fruchtfleisch umgeben. Die Frucht ist im Innern in mehrere Kammern unterteilt, in welche die Samen eingebettet sind.

innert an eine Mischung aus Ananas und Pfefferminze. Feijoas enthalten viel Säure und Pektin und sind daher auch zur Herstellung von Gelee oder Marmelade gut geeignet.

Granatapfel
Punica granatum

Herkunft: Der Granatapfel ist eine Frucht, die schon seit über 2000 Jahren kultiviert wird. Sie stammt ursprünglich aus Persien, wird aber heute in fast allen tropischen und subtropischen Ländern angebaut. Die Früchte, die bei uns auf den Markt gelangen, stammen hauptsächlich aus den Mittelmeerländern.

Wissenswertes: Die Ägypter verehrten früher den Granatapfel als heilige Pflanze und gaben den Toten die Früchte als Grabbeigabe auf die lange Reise ins Jenseits mit. Die Römer, die diese Frucht von den Phöniziern mitbrachten, nannten sie »Punischer Apfel«. Wörtlich übersetzt bedeutet der wissenschaftliche Name »Getreideapfel«. Diese Bezeichnung deutet auf die zahlreichen getreidekornähnlichen Samen der Früchte hin. Wegen seiner Vielsamigkeit galt der Granatapfel früher als Symbol der Fruchtbarkeit. Auch der Apfel, den Paris der Göttin Venus anbot, war ein Granatapfel. In zahlreichen bildlichen Darstellungen begegnet uns der Granatapfel. Wohl am berühmtesten ist seine Abbildung als Motiv in

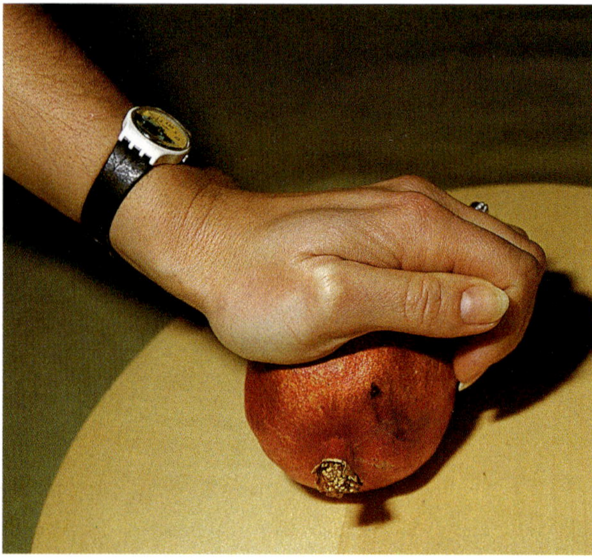

Zur Gewinnung des Granatapfelsaftes rollt man die Frucht auf einer harten Unterlage unter kräftigem Druck hin und her, so daß deutliche Knackgeräusche zu hören sind. Anschließend läßt sich der Saft durch eine Öffnung in der Schale aus der Frucht leicht herauspressen.

dem fälschlicherweise als »Zwiebelmuster« bezeichneten Porzellandekor.

Der Granatapfel gehört zur Familie der Myrtengewächse. Die Frucht ist kugelig mit einem Durchmesser bis 9 cm. Die harte lederartige Schale ist bräunlichgelb oder rot gefärbt. An einem Ende befindet sich der eingetrocknete Blütenkelch. Im Innern ist die Frucht durch dünne Wände in mehrere Kammern eingeteilt. In ihnen befinden sich mehrere hundert hellbraune, bis 5 mm lange Samen. Jeder dieser Samen ist von rotem, durchscheinendem, knackigem Fruchtfleisch umgeben. Der Saft von Granatäpfeln hinterläßt bräunliche Flecken, die kaum wieder zu entfernen sind.

Worauf man achten sollte: Granatäpfel kommen bei uns in den Wintermonaten auf den Markt. Wegen der harten Schale sind die Früchte recht unempfindlich beim Transport und gelangen meist in einwandfreiem Zustand in den Handel.

Lagerung und Haltbarkeit: Granatäpfel sollten nicht länger als eine Woche im Kühlschrank aufbewahrt werden. Man verwendet entweder nur den Saft oder die rohen Samen mit dem sie umhüllenden Fruchtfleisch. Solange die Früchte nicht zu alt sind und die Samen noch eine hellbraune Farbe haben, kann man sie aber bedenkenlos verzehren.

Verarbeitung: Um den Granatapfelsaft zu gewinnen, hat sich folgende Methode bewährt: Man rollt die Frucht auf einer harten Unterlage mit Druck so lange hin und her, bis im Innern deutliche Knackgeräusche zu hören sind. Dann schneidet man ein Loch in die Schale und preßt den Saft heraus. Will man ihn nicht weiterverwenden, kann man ihn auch direkt mit einem Strohhalm aus der Frucht trinken.

Ein exotischer Obstsalat wird zur Dekoration mit Granatapfelkernen bestreut.

Grenadine

Die bekannteste Verwendung von Granatapfelsaft ist die Verarbeitung zu Grenadine, einem aromatischen Sirup, der Cocktails und Longdrinks beigemischt wird und in einer gut sortierten Bar nicht fehlen darf.

So läßt sich Grenadine ganz einfach herstellen: 0,5 l Granatapfelsaft wird mit 250 g Zucker verrührt und aufgekocht. Das Ganze läßt man 3 Minuten bei milder Hitze köcheln. Dann füllt man den Sirup in eine saubere Flasche ab und bewahrt ihn im Kühlschrank auf.

Sollten sich die Granatäpfel mit der unter »Verarbeitung« beschriebenen Methode nicht gut entsaften lassen, kann man Grenadine auch folgendermaßen herstellen:

Die Kerne werden aus der Frucht entfernt und gewogen. Es sollten keine weißen Häute mitverarbeitet werden, da diese bitter schmecken. Dann vermischt man die Samen mit der halben Menge Zucker, wobei man das Fruchtfleisch um die Samen leicht zerdrückt.

Die Mischung läßt man 24 Stunden stehen. Dann kocht man die Masse auf und passiert sie durch ein Sieb, so daß die Kerne zurückbleiben. Der heiße Saft wird in eine Flasche gefüllt und sofort verschlossen.

Tequila Sunrise

60 ml Tequila
20 ml Grenadinesirup
100 ml Orangensaft
1 Spritzer Zitronensaft
klein zerstoßenes Eis

Ein hohes Longdrinkglas zur Hälfte mit Eis auffüllen. Tequila, Zitronensaft und Grenadinesirup dazugeben. Mit Orangensaft langsam auffüllen und nicht umrühren. Der rote Grenadinesirup soll langsam nach oben steigen: das ist der 'Sonnenaufgang' (die deutsche Übersetzung für 'sunrise').

Granatapfelgelee

0,5 l Granatapfelsaft
500 g Gelierzucker
Saft einer Zitrone

Der Saft wird mit dem Gelierzucker vermischt und unter Rühren aufgekocht. Man läßt die Masse 4 Minuten sprudelnd kochen und füllt das Gelee heiß in kleine, saubere Gläser. Sofort verschließen und kühl und dunkel aufbewahren. Um sicher zu gehen, daß das Gelee fest wird, führt man vor dem Abfüllen eine Gelierprobe durch. Hierzu gibt man eine kleine Menge der heißen Masse auf einen kalten Teller. Erstarrt die Masse nicht nach kurzer Zeit, muß noch länger gekocht werden.

Granatapfelkerne

Die von Fruchtfleisch umgebenen Samen lassen sich zur Dekoration und Verfeinerung von süßen und pikanten Speisen verwenden. Man streut sie über Eisbecher, Desserts, Pudding, Fruchtsalate, Obstkuchen, exotische Platten, aber auch über herzhafte Salate, Reisgerichte, Braten und Ragouts.

Das fein säuerliche Aroma verleiht den Gerichten eine besondere Note und stellt bei pikanten Speisen einen reizvollen Kontrast dar.

Guave
Psidium guajava

Herkunft: Die Guave stammt aus dem tropischen und subtropischen Amerika. Heute findet der Hauptanbau in Südafrika und in Indien statt. Die Früchte werden häufig schon grün gepflückt, damit sie auf dem langen Weg in ihre Bestimmungsländer nachreifen können. Leider sind Guaven bisher noch recht selten auf unserem Markt zu finden.
Wissenswertes: Guaven sind apfelgroße, ovale Früchte mit einer weichen, wachsartigen Schale, die zunächst grün ist und bei Vollreife gelb wird. Das Fruchtfleisch kann weißlich, gelb oder rosa gefärbt sein. Im Innern sind ringförmig zahlreiche kantige, nierenförmige, helle Samen angeordnet. Sie können mitgegessen werden. Das Fruchtfleisch ist sahnig-weich und dort, wo sich die Samen befinden, hat es eine schleimige Konsistenz. Guaven gehören zur Familie der Myrtengewächse, zu denen auch die Myrte, der Eukalyptus und die Gewürznelke zählen.

Reife Guaven fühlen sich sehr weich an und sollten möglichst bald verwertet werden. Beim rohen Verzehr werden Schale und Samen nicht mitgegessen.

Lagerung und Haltbarkeit: Guaven reifen bei Zimmertemperatur nach. Reife Früchte strömen einen intensiven Geruch aus und fühlen sich sehr weich an. Sie können dann noch einige Tage im Kühlschrank gelagert werden, sollten aber möglichst bald verwertet werden.
Verarbeitung: Guaven gehören zu den Früchten mit dem höchsten Vitamin-C-Gehalt (300–700 mg/100 g Fruchtfleisch). Das Fruchtfleisch enthält viel Pektin. Daher sind Guaven besonders für die Herstellung von Gelees und Marmeladen geeignet. Wegen des hohen Vitamin-C-Gehaltes spielen sie auch bei der Saft- und Limonadenherstellung eine große Rolle. Guaven können auch roh oder als Kompott verzehrt werden. Sie besitzen einen süßsäuerlichen Geschmack mit einem typischen Aroma.

Zum rohen Verzehr werden die Früchte geschält, die Samen entfernt und das Fruchtfleisch in Stücke geschnitten. Für die Marmeladenherstellung zerschneidet man die Früchte, kocht sie mit etwas Wasser und püriert die Früchte durch ein Sieb. Der Fruchtbrei wird dann weiterverarbeitet.

Bei der Zubereitung von Guaven-Marmelade werden die Früchte zerschnitten und mit etwas Wasser gekocht. Anschließend streicht man sie durch ein Sieb und verarbeitet den Fruchtbrei weiter.

Guaven-Marmelade

Man bereitet wie oben beschrieben einen Fruchtbrei zu. Das durchgedrückte Fruchtmus wird abgewogen und mit derselben Menge Gelierzucker vermischt. Erneut aufkochen und etwa 30 Sekunden sprudelnd kochen lassen. Heiß in Gläser abfüllen und sofort verschließen.

Exotisches Quarkdessert

500 g Magerquark
5–6 Maracujas
1 Orange
1 Guave
1 Sharon
1 Karambola
1 Pitahaya
Zucker nach Geschmack

Die Maracujas halbieren, das Fruchtfleisch und die Kerne mit einem Löffel herausheben und mit einem Mixer kurz aufschlagen. Dann den Saft durch ein Sieb streichen und mit dem Quark verrühren. Die Orange auspressen und den Saft ebenfalls unter den Quark rühren. Die Guave dünn schälen und halbieren. Das weiche Fruchtinnere mit den Samen durch ein Sieb streichen und auch mit dem Quark verrühren. Das übrige Fruchtfleisch in Stücke schneiden. Nach Geschmack den Quark mit Zucker (oder flüssigem Süßstoff) süßen. Die Sharon in Stücke

schneiden. Die Karambola in dünne Scheiben schneiden. Die Pitahaya halbieren. Das Fruchtfleisch herauslösen und in Scheiben schneiden. Alle Früchte unter den Quark heben. Als Dessert oder zum Frühstück servieren.

Ingwer
Zingiber officinale

Herkunft: Die Heimat des Ingwers ist Asien. Er wird in China, Japan, Indien, Costa Rica, Brasilien und Kenia angebaut. Die unregelmäßig geformten braunen Knollen sind in unseren Gemüseabteilungen häufig zu finden.
Wissenswertes: Als Ingwer bezeichnet man die Wurzel der Ingwerpflanze. Sie kommt in vielfältiger Form bei uns auf den Markt: getrocknet, zermahlen oder in Stückchen geschnitten und kandiert. Typisch ist der scharf-würzige Geschmack, der sowohl süßen als auch pikanten Gerichten eine außergewöhnliche Note verleiht. Ingwer läßt sich aber auch frisch verwerten, wobei der Geschmack viel intensiver ist.

Oben: Die verschiedenen Geschmacksrichtungen von Karambola (oben), Pitahaya (links), Guave (rechts) und Sharon (unten) ergänzen sich gut. Daher läßt sich aus ihnen ein schmackhafter Obstsalat bereiten.

Unten: Tropische Früchte wie hier Pitahaya, Guave, Sharon und Karambola verleihen einem Quarkdessert eine exotische Note.

Die verzweigten Ingwerwurzeln können eine Länge von 50 cm erreichen. Außen sind sie beige oder hellbraun gefärbt. Das Innere ist hell, leicht gelblich und besitzt eine etwas faserige Struktur. Ein in der Wurzel enthaltenes Gemisch aus Harzen und ätherischen Ölen verleiht dem Ingwer den typischen scharfen Geschmack. Der in ihm enthaltene Geruchsstoff wird Zingiberol genannt. Weiterhin findet sich im Ingwer das eiweißspaltende Enzym Zingibain, das wie ein Fleischzartmacher wirkt.

Schon früher spielte Ingwer bei uns in der Küche eine bedeutende Rolle, geriet dann aber für einige Zeit in Vergessenheit. Nicht nur als pikantes Gewürz, sondern auch als Heilmittel wurde Ingwer geschätzt. Er hilft bei Magenleiden, Verdauungsstörungen, Rheuma und Verletzungen. Ein bekanntes Erzeugnis aus Ingwer ist das britische Ginger Ale, das auch bei uns gerne als Limonade oder in Longdrinks getrunken wird.
Lagerung und Haltbarkeit: Frische Ingwerwurzel läßt sich in einer Plastiktüte eingepackt einige Wochen im Kühlschrank aufbewahren. Man bricht sich dann immer so viel ab, wie man gerade benötigt.
Verarbeitung: Frischer Ingwer muß zunächst geschält werden. Je grobfaseriger das Wurzelinnere ist, desto schärfer ist der Geschmack.

Zur weiteren Verwendung raspelt man ihn mit einer feinen Reibe. Faseriger Ingwer wird am besten in Scheiben geschnitten mitgegart und später wieder aus dem fertigen Gericht entfernt, damit nur der Geschmack zum Tragen kommt, die Fasern aber nicht mit ins Essen geraten. Fleisch wird beim Garen viel zarter, wenn man es vorher

mit Scheiben von frischem Ingwer belegt.

Man kann alle Gerichte mit frischem Ingwer zubereiten, die man sonst mit getrocknetem, gemahlenem oder auch kandiertem Ingwer gewürzt hätte. Beim Dosieren sollte man aber vorsichtig sein, da die Schärfe von frischem Ingwer sehr groß ist und schnell jeglichen anderen Geschmack übertönen kann.

Englische Ingwerplätzchen

75 g Butter oder Margarine
200 g brauner Zucker
2 Eier
1 Prise Salz
1 Stück frischer, nicht faseriger Ingwer (etwa pflaumengroß)
abgeriebene Schale von einer Zitrone
250 g Mehl
1 Teelöffel Backpulver

Die Butter mit dem Zucker, den Eiern und dem Salz schaumig rühren. Den Ingwer fein reiben und mit der Zitronenschale in den Teig rühren. Das Mehl und das Backpulver dazugeben und unterkneten. Den Teig eine Stunde kalt stellen. Dann etwa 3 mm dick ausrollen und runde Plätzchen ausstechen. Auf einem gefetteten Backblech im vorgeheizten Ofen bei 200–225 °C (Gas Stufe 3–4) 15–20 Minuten backen.

Der Geschmack von frischem Ingwer ist viel intensiver als von getrockneten oder kandierten Ingwerwurzeln. Bei der Verarbeitung wird von der Knolle immer nur so viel abgeschnitten, wie zur Zubereitung des Rezeptes benötigt wird.

Riesengarnelen mit Ingwer

20 Riesengarnelen ohne Schale
20 g frischer Ingwer
2 Bund Frühlingszwiebeln
2 Eßlöffel Sojasauce
125 ml Weißwein
1 halber Eßlöffel Speisestärke
Öl
Salz

Ingwer schälen und in nicht zu große, dünne Scheiben schneiden. Die Frühlingszwiebeln waschen, putzen und in Stücke schneiden. Die Sojasauce mit dem Wein und der Stärke verrühren. Öl in einer Pfanne erhitzen und die Riesengarnelen kurz anbraten und salzen. Ingwer und Frühlingszwiebeln dazugeben und 2 Minuten kräftig anbraten. Die Sojamischung zugießen und einmal aufkochen lassen. Geeignet als Vorspeise für 4–5 Personen.

Kürbis süß-sauer mit Ingwer

1 kg Kürbisfleisch (siehe auch Squash)
250 ml Weinessig
250 ml Wasser
750 g Einmachzucker
2–3 etwa daumengroße Stücke geschälter Ingwer
1 Zimtstange

Den Kürbis in etwa 2 cm große Würfel schneiden. Essig und Wasser aufkochen, über das Fruchtfleisch geben und 12 Stunden zugedeckt ziehen lassen.

Die Kürbiswürfel herausnehmen und den Sud mit dem Zucker und den Gewürzen aufkochen. Die Kürbisstücke dazugeben und glasig kochen. Dann die Fruchtstücke mit einem Schaumlöffel herausnehmen und in saubere Gläser (am besten mit Metallbügel und Gummidichtung) füllen. Den Sud noch etwas einkochen, bis er dickflüssig wird und dann heiß über den Kürbis geben. Den Ingwer und die Zimtstange zuvor entfernen. Die Gläser sofort verschließen. Nach zwei Tagen die Fruchtstücke abtropfen lassen und den Sud noch einmal aufkochen. Erneut über den Kürbis geben, so daß dieser vollständig bedeckt ist. Die Gläser dicht verschließen.

Weitere Rezepte:
Papaya-Pflaumen-Chutney, Seite 92
Hähnchen-Geschnetzeltes mit Tamarinde, Seite 121
Wassermelonenkompott mit Ingwer, Seite 122

Johannisbrot
Ceratonia siliqua

Herkunft: Das Johannisbrot stammt aus Kleinasien, wird heute aber auch auf Zypern, Sizilien, der Iberischen Halbinsel und in Kalifornien angebaut.
Wissenswertes: Das Johannisbrot gehört wie Erbse oder Bohne zur Pflanzenfamilie der Schmetterlingsblütler, die als Früchte längliche Hülsen hervorbringen. Die Hülsenfrüchte des Johannisbrotes werden bis zu 20 cm lang und 3–4 cm breit. Sie sind flach, schwärzlichbraun gefärbt und die Nahtränder sind aufgebogen. Im Innern befinden sich 4–12 glänzend braune Samen. Sie sind in eine dunkle, süße Fruchtmasse eingebettet, die verzehrt wird. Sind die Hülsen nicht zu alt, kann man sie auch mit der Schale essen. Die Samen werden nicht mitgegessen. Wegen ihres konstanten Gewichtes hat man die Samen früher als Einheit beim Abwiegen von Edelsteinen benutzt.
Lagerung und Haltbarkeit: Die Hülsen werden grün geerntet und dann erst getrocknet, wobei sie die dunkelbraune Farbe annehmen. In diesem Zustand sind sie monatelang bei Zimmertemperatur haltbar.
Verarbeitung: Das Fruchtmark hat einen sehr hohen Zuckergehalt (bis zu 50 %) und ist reich an Vitaminen und Mineralstoffen. Es wird zur Herstellung von Hustensaft verwendet und gilt auch als gesunder Schokoladenersatz. Außer als süßes Naschwerk kann man Johannisbrot gemahlen oder zerkleinert bei Backwaren wie Früchtebrot oder Plätzchen mit verwenden.

Johannisbrot-Heferolle

Für den Hefeteig:
500 g Mehl
125 ml Milch
1 Würfel Hefe
100 g Zucker
1 Ei
1 Eßlöffel Butter
eine Prise Salz
Für den Belag:
500 g Johannisbrot
200 g Zucker
6 Eßlöffel Wasser
Honig
1 Eiklar zum Bestreichen

Aus den angegebenen Zutaten einen Hefeteig zubereiten und an einem warmen Ort gehen lassen, bis er sich ver-

Die getrockneten Hülsen des Johannisbrotes sind sehr lange haltbar. Verzehrt wird nur die süße Fruchtmasse im Innern, in welche die Samen eingebettet sind.

doppelt hat. Auf einem großen Leinentuch dünn ausrollen. Das Johannisbrot reiben, dabei die Samen entfernen. Das Wasser mit dem Zucker erwärmen, bis er sich aufgelöst hat. Das Johannisbrot untermischen und so lange flüssigen Honig unterrühren, bis eine geschmeidige Masse entsteht. Auf den Teig geben und diesen vorsichtig einrollen. Eine Stunde an einem warmen Ort ruhen lassen. Dann mit Eiklar bestreichen und im vorgeheizten Backofen bei 200 °C etwa 45 Minuten backen. Das genaue Ende der Backzeit mit der Hölzchenprobe ermitteln.

Kaki
Diospyros kaki

Herkunft: Kakis stammen ursprünglich aus China und Japan, werden heute aber weltweit in den Subtropen angebaut.
Wissenswertes: Der Name 'Kaki' kommt aus dem Japanischen und bedeutet 'Frucht'. Der wissenschaftliche Name stammt aus dem Griechischen und heißt 'göttliches Feuer'.

Die Kaki gehört zur Gruppe der Ebenholzgewächse. Die Früchte sehen aus wie leicht eckige, abgeflachte Tomaten. Sie besitzen eine glatte Schale, die gelborange bis orangerot gefärbt ist. Typisch sind die vier großen, vertrockneten Kelchblätter, die um den Stielansatz fest an der Frucht sitzen.

Das Fruchtfleisch der Kaki (rechts) hat im Gegensatz zu dem der Sharon (links) eine puddingähnliche Konsistenz. Kakis sind im allgemeinen größer als Sharons.

Das Fruchtfleisch hat dieselbe Farbe wie die Schale. Im Innern befinden sich bis zu acht Samen.
Worauf man achten sollte: Wenn die Früchte vollreif sind, hat das Fruchtfleisch eine puddingähnliche Konsistenz. Erst dann hat sich das Aroma voll entwickelt. Die Früchte werden unreif geerntet und reifen beim Transport nach. Kakis enthalten viel Karotin (das der Körper in Vitamin A umwandeln kann).
Sorten: Mittlerweile findet man zahlreiche verschiedene Kaki-Sorten auf dem Markt. Ursprünglich gab es nur Früchte, deren Fruchtfleisch im nicht vollreifen Zustand den Stoff Tannin enthalten. Diese Substanz gehört zu den Gerbstoffen und ruft einen herben, zusammenziehenden Geschmack im Mund hervor. Diese Früchte können nur verzehrt werden, wenn die Schale beginnt, durchscheinend zu werden und das Fruchtfleisch sehr weich, fast schon flüssig ist. Diese Früchte werden unter dem Namen Kaki angeboten. Sie sind relativ groß und die Schale ist matt, wie leicht bereift.

Sharon
Da die Erzeuger mit den Kaki-Früchten nicht zufrieden waren, versuchten sie, neue Sorten zu züchten. In Israel wurde im Sharontal eine neue Kaki-Sorte gezüchtet und sie erhielt deshalb den Namen Sharon. Sie ist heute häufig bei uns im Handel zu finden. Sharons sind samenlos. Sie sind meistens etwas kleiner als Kakis und besitzen eine hellere Farbe. Die Schale ist glatt und wachsartig und fester als die der Kaki. Im Fruchtfleisch sind keine Gerbstoffe mehr enthalten, so daß man es auch verzehren kann, wenn die Frucht noch nicht die absolute Vollreife erlangt hat.

Das Fruchtfleisch der Sharon besitzt keine Samen und ist fester als das der Kaki. Die glatte Schale kann mitgegessen werden. Die Sharon ist eine Kaki-Sorte, die erst vor einigen Jahren gezüchtet wurde. Typisch für diese Früchte ist die leicht eckige, abgeflachte Form. Die vier großen Kelchblätter sitzen fest um den Stielansatz der Frucht.

Bei der Sharon kann man weiterhin, im Gegensatz zur Kaki, die Schale mitessen. Vermutlich wird die Sharon die Kaki auf dem mitteleuropäischen Markt ablösen. Schon heute werden häufiger Sharons als Kakis angeboten.

Auch das Aroma der beiden Früchte unterscheidet sich. Die Kaki besitzt ein relativ fades Aroma. Es erinnert etwas an sehr reife, säurearme Mirabellen. Das Fruchtfleisch der Sharon dagegen schmeckt süß-säuerlich, besitzt ein intensiveres Aroma und läßt sich im Geschmack mit einem Pflaumenkompott vergleichen. Sharons kann man auch schon essen, wenn das Fruchtfleisch noch sehr fest ist. Dann sind sie noch nicht so saftig, schmecken aber schon süß. Sie sind dann besonders zur Kombination mit säurehaltigen Früchten in Obstsalaten geeignet.

Lagerung und Haltbarkeit: Zum Nachreifen bewahrt man die Früchte bei Zimmertemperatur auf. Vollreife Früchte werden im Kühlschrank gelagert und möglichst schnell verbraucht.

Zum Einfrieren sind sie nicht gut geeignet.
Verarbeitung: Wer den Geschmack von Kakis oder Sharons pur genießen möchte, kann die Früchte einfach halbieren und das Fruchtfleisch herauslöffeln. Zur Verfeinerung kann man es mit Zitronensaft beträufeln oder mit Zucker bestreuen. Vor der weiteren Verarbeitung in Rezepten werden zunächst die Kelchblätter am oberen Ende entfernt. Dann schneidet man das Fruchtfleisch in Scheiben, wobei die Kakis zuvor geschält werden müssen. Besser eignen sich hierfür die Sharons, die im festeren Zustand und mit Schale verarbeitet werden können.

Überbackene Kakis

4 reife Kakis oder Sharons
250 ml Milch
3 Eier
Saft von einer Orange
150 g Mehl
100 g brauner Zucker
1 Päckchen Vanillinzucker
1 halber Teelöffel Zimt
1 Messerspitze gemahlene Muskatnuß
1 Prise Salz

Die Kakis werden geschält, in Scheiben geschnitten und in einer flachen Auflaufform verteilt. (Sharons brauchen nicht geschält zu werden.) Die Eier mit der Milch und dem Orangensaft schaumig rühren und nach und nach den Zucker, das Mehl und die Gewürze hinzugeben. Den Teig über die Kakis geben. Den Auflauf bei 175 °C im vorgeheizten Backofen 60–70 Minuten backen. Nach Beendigung der Backzeit den Auflauf auf eine Platte stürzen. 15 Minuten auskühlen lassen und dann in Stücke schneiden. Warm oder kalt mit Schlagsahne oder Eiscreme servieren.

Gefüllte Sharons

4 Sharons
250 g Himbeeren
3 Eßlöffel Zucker
250 g Vanilleeis
Schlagsahne

Von den Sharons am oberen Ende, wo die Kelchblätter sitzen, einen Deckel abschneiden. Das Fruchtfleisch mit einem Löffel herauslösen und zusammen mit den Himbeeren und dem Zucker pürieren. Die ausgehöhlten Früchte mit Vanilleeis füllen und die Fruchtsauce darübergießen. Mit einem Tupfer Sahne garniert servieren.

Weitere Rezepte:
Exotisches Quarkdessert, Seite 37
Schlankmacher-Frühstück, Seite 91

Kaktusfeige
Opuntia ficus-indica

Herkunft: Kaktusfeigen sind die Früchte des Feigenkaktus, der mit seinen großen, ohrförmigen Blättern hohe, undurchdringliche Hecken bilden kann und daher in vielen Ländern zur Errichtung von lebenden Zäunen angepflanzt wird. Nach dem wissenschaftlichen Namen der Pflanze werden die Früchte auch manchmal Opuntien genannt.
Der Feigenkaktus stammt aus dem tropischen Südamerika und wurde schon vor Jahrtausenden in Mexiko angebaut.

Aus dem Mittelmeerraum stammen die größeren Kaktusfeigen-Sorten, die eine gelblich-grüne bis rötliche Schale besitzen.

Heute gibt es diese Pflanze auch im gesamten Mittelmeerraum, in Asien und Australien.

Wissenswertes: Die Kaktusfeigen sind ovale, bis zu 10 cm lang werdende Früchte. Die Schale ist mit warzenartigen Erhebungen besetzt, die meistens kleine spitze Dornen, in Büscheln angeordnet, tragen. Die Schale kann gelb, orange oder rotviolett sein. Das Fruchtfleisch ist gelb, rosa oder rot gefärbt und mit zahlreichen schwarzen Samen durchsetzt.

Worauf man achten sollte: Kaktusfeigen besitzen kein sehr intensives Aroma, das saftige Fruchtfleisch ist gut gekühlt aber sehr erfrischend. Besonders köstlich sind allerdings die kleinen, dunkelroten Früchte, die man im Urlaub in warmen Ländern häufig auch wild wachsend entdeckt. Aber Vorsicht, der Farbstoff dieser Früchte ist sehr intensiv und läßt sich nur schwer entfernen. Ißt man eine größere Menge dieser dunkelroten Kaktusfeigen, kann sich auch der Urin ebenso verfärben, was allerdings nicht gesundheitsschädlich ist.

Lagerung und Haltbarkeit: Die Kaktusfrüchte werden meistens unreif geerntet und reifen dann beim Transport und bei der Lagerung nach. Unreife Früchte sind noch grün. Man kann sie bei Raumtemperatur nachreifen lassen. Reife Früchte geben auf Druck nach und können noch einige Tage kühl gelagert werden.

Verarbeitung: Das Fruchtfleisch der Kaktusfeigen wird roh mitsamt den Samen verzehrt. Um die Früchte weiter

Die Pitahaya stammt aus Südamerika. Die dicke Schale ist mit schuppenartigen Auswüchsen bedeckt und besitzt keine Stacheln. Die Samen sind viel weicher als die der Kaktusfeigen. Daher eignet sich die Frucht noch besser zum Rohverzehr.

verarbeiten zu können, ohne daß sich die kleinen, oft mit Widerhaken versehenen Stacheln in die Haut bohren, legt man die Früchte zunächst einige Zeit in kaltes Wasser. Mit einer nicht zu harten Bürste lassen sich dann die Stacheln entfernen. Dabei ist es sinnvoll, Haushaltshandschuhe zu tragen, um sich nicht zu verletzen. Danach kann man vorsichtig die Haut abziehen oder die Früchte aufschneiden und das Fruchtfleisch auslöffeln.

Pitahaya
Unter dem Namen Pitahaya werden die Früchte anderer Kaktusarten angeboten. Sie sind oval und werden bis zu 12 cm lang. Die Schale ist dick, gelb oder rot gefärbt und mit schuppenartigen Auswüchsen bedeckt. Das Fruchtfleisch ist weiß oder rötlich und mit vielen kleinen Samen durchsetzt. Diese Früchte stammen aus Südamerika. Die Pitahaya wird wie die Kaktusfeige roh verzehrt. Auch hier werden die Samen

mitgegessen. Sie sind wesentlich weicher als die der Kaktusfeigen. Sie lassen sich gut zerbeißen und schmecken ähnlich wie die Samen der Kiwis.

Besonders die roten Pitahaya-Sorten besitzen eine so charakteristische Farbe, daß man in ihrer Heimat Guatemala eine Farbe nach ihnen benannt hat. Pitahayas werden noch nicht sehr lange gezüchtet und sind daher auch bei uns noch nicht so häufig auf dem Markt zu finden.

Kaktusfeigensauce

Kaktusfeigen werden von ihren Stacheln befreit und geschält. Dann drückt man das Fruchtfleisch durch ein Sieb, so daß die Samen zurückbleiben. Der Fruchtbrei wird dann mit Zukker, Zitronensaft und mit einem Schuß Weinbrand oder Likör gewürzt. Die Sauce wird kalt oder erwärmt zu Pudding, zu in Bierteig ausgebackenen Apfelringen, zu einem exotischen Fruchtsalat oder einem Eisbecher gereicht.

Weitere Rezepte:
Cherimoya-Salat, Seite 22
Exotisches Quarkdessert, Seite 37

Kapstachelbeere
Physalis peruviana

Herkunft: Die Kapstachelbeere stammt aus Südamerika und wird vorwiegend in Südafrika, Kenia, Kolumbien und Neuseeland angebaut.
Wissenswertes: Die Kapstachelbeere sieht einer einheimischen Verwandten, der Lampionblume, sehr ähnlich. Die Frucht entwickelt sich im Innern des Blütenkelches, dessen Blätter vertrocknen und eine hellbraune Farbe annehmen, aber nicht abfallen. Da sie wie ein Papierlampion aussehen, hat unsere einheimische Pflanze diesen Namen erhalten. Sowohl die Kapstachelbeere als auch die Lampionblume gehören zur Gruppe der Nachtschattengewächse wie Kartoffel und Tomate. Die Früchte der Kapstachelbeere sind etwa kirschgroße, orangefarbene Beeren, die noch umhüllt von dem vertrockneten Blütenkelch in den Handel kommen.
Worauf man achten sollte: Kapstachelbeeren werden, in Schälchen verpackt, transportiert und verkauft. Anhand des Zustandes der trockenen Kelchblätter kann man erkennen, ob die Früchte in einem einwandfreien Zustand sind. Die Blätter müssen hellbraun und pergamentartig sein. Sind sie dunkler, zusammengefallen oder gar angeschimmelt, sind die Früchte wahrscheinlich nicht mehr zu verwenden.
Lagerung und Haltbarkeit: Zu Hause sollte man Kapstachelbeeren trocken und kühl aufbewahren und möglichst schnell verbrauchen.
Verarbeitung: Die knackigen, wohlschmeckenden Früchte kann man pur verzehren oder zu den verschiedensten Süßspeisen wie Kuchen, Torten, Fruchtquark, Eis, Kompott oder Konfitüre verarbeiten. Sie eignen sich auch als Bestandteil für Rumtopf, Bowlen oder Longdrinks. Vor dem Verzehr werden die Früchte einfach von den trockenen Kelchblättern befreit.

Die Kapstachelbeeren sind noch von den vertrockneten Blättern des Blütenkelches umgeben, dessen Form die Pflanze auch den Namen Lampionblume zu verdanken hat.

Die Beeren haben einen aromatischen, süß-säuerlichen Geschmack. Das typische Aroma der Früchte von Nachtschattengewächsen, das man sich wie eine Mischung des Geschmackes von Tomate und Kartoffel vorstellen kann, ist auch noch zu erahnen. Im Innern der Beeren befinden sich viele kleine, weiche Kerne, die mitgegessen werden.

Tellerkuchen mit Kapstachelbeeren

75 g Mehl
30 g Puderzucker
1 Päckchen Vanillinzucker
40 g Margarine
1 Eigelb
1 Päckchen Vanillepudding
400 g Kapstachelbeeren
1 halbes Päckchen Tortenguß
50 g Mandelblättchen

Aus Mehl, Zucker, Margarine und Eigelb einen Mürbeteig kneten und eine Stunde kalt stellen. Den Teig ausrollen und eine kleine gefettete Springform (18 cm Durchmesser) damit auslegen. Mehrmals mit der Gabel einstechen und bei 200–225 °C (Elektroherd) oder Stufe 3–4 (Gas) 15–20 Minuten backen. Den Pudding nach Vorschrift zubereiten, etwas abkühlen lassen und auf den gebackenen Boden streichen. Dann die gewaschenen und mit Küchenkrepp abgetupften Kapstachelbeeren darauf verteilen. Den Tortenguß anrühren und den Kuchen nicht zu dick damit überziehen. Anschließend mit Mandelblättchen bestreuen.

Man kann den Kuchen außer mit Kapstachelbeeren auch noch mit anderen exotischen Früchten belegen wie Kiwischeiben, Mangospalten oder Karambolascheiben.

Püree aus Kapstachelbeeren

200 g Kapstachelbeeren
30 g Zucker
2 Eßlöffel Orangenlikör

Die Beeren aus dem Blattkelch lösen und abspülen. Abtropfen lassen und mit dem Pürierstab zermusen. Den Zucker und den Likör hinzugeben und so lange weiter pürieren, bis sich der Zucker gelöst hat. Das Püree kalt stellen. Paßt zu Eis, Pudding und Schokoladencreme.

Kapstachelbeerkompott

400 g Kapstachelbeeren
125 ml Weißwein
125 ml Wasser
100 g Einmachzucker

Die Kapstachelbeeren aus dem Blattkelch lösen und abspülen. Mit einer Nadel die Früchte mehrfach anstechen, damit sie nicht platzen. Den Weißwein und das Wasser mit dem Zucker vermischen und aufkochen. Dann die Früchte hinzugeben und bei kleiner Hitze 5–10 Minuten garen. Lauwarm als Beilage zu Pfannkuchen oder Kaiserschmarrn servieren oder gut gekühlt als Dessert.

Wegen ihrer eigentümlichen Form wird die Karambola auch Sternfrucht genannt. Die fünfzackigen Sterne eignen sich besonders zur Dekoration von kalten Platten, Salaten und vielen anderen Gerichten.

Karambola
Averrhoa carambola

Herkunft: Die Karambola stammt ursprünglich aus Malaysien und wird heute in Kalifornien, im Südpazifik, in Indien, Afrika, Mittel- und Südamerika angebaut. Daher gelangt sie jetzt häufig bei uns auf den Markt und ist eigentlich das ganze Jahr hindurch erhältlich.

Wissenswertes: Die Karambola besitzt ein so typisches Aussehen, daß man sie mit keiner anderen Frucht verwechseln kann. Die Früchte werden bis zu 12 cm lang und weisen in Längsrichtung fünf tiefe Rippen auf. Schneidet man die Früchte quer in Scheiben, entstehen sehr dekorative, fünfzackige Sterne, die sich gut zur Verzierung von Desserts eignen. Daher wird die Karambola auch Sternfrucht genannt. Die Schale ist wachsartig und blaßgrün, hellgelb oder goldgelb gefärbt.

Worauf man achten sollte: Sobald sich die Schale an den Kanten bräunlich zu färben beginnt, hat die Frucht ihren besten Reifegrad erreicht und sollte verzehrt werden. Das Fruchtfleisch ist auch gelb gefärbt. Es ist knackig und saftig und duftet nach Jasmin.

Lagerung und Haltbarkeit: Zum Nachreifen können Karambolen bei Zimmertemperatur gelagert werden. Reife Früchte sollten im Kühlschrank aufbewahrt und möglichst bald verwertet werden. Karambolen eignen sich nicht zum Einfrieren.

Bilimbi
Eine verwandte Art ist die Bilimbi *(Averrhoa bilimbi)*. Die Frucht ist grün und länglicher als die Karambola.
Verarbeitung: Die Früchte werden am besten frisch verzehrt. Das zarte, säuerliche Aroma ist sehr erfrischend. Die Schale kann mitgegessen werden. Das Fruchtfleisch enthält viel Vitamin C sowie Kalzium, Magnesium und Phosphor. Übrigens ist der Saft von Karambolen auch ein ausgezeichnetes Mittel zum Putzen von Messing.

Die Karambola wird bei uns weniger wegen ihres Geschmacks geschätzt, sondern vor allem weil sie aufgeschnitten höchst dekorativ ist und deshalb heute auf kalten Büffets selten fehlt. Mit Karambolen kann man Torten und Kuchen, Obstsalate, Eisbecher, Puddings, kalte Platten, Bowlen und Longdrinks verzieren.

Tortellini neuseeländisch

250 g Tortellini
100 g gekochten Schinken
100 g geräucherte Putenbrust
3 Kiwis
1 Karambola
100 g Staudensellerie
Für die Marinade:
1 Becher Creme fraîche
2 Eßlöffel Mayonnaise
4 Eßlöffel Öl
1 Eßlöffel Weinessig
2 Eßlöffel Tomatenketchup
1 halber Teelöffel Senf
Tabasco
Salz
Pfeffer

Für Tortellini auf neuseeländische Art werden die Karambolen mit Kiwis, Staudensellerie, Schinken und Putenbrust kombiniert und mit einer würzigen Marinade verfeinert.

Die Tortellini wie auf der Packung angegeben gar kochen. In einem Sieb mit kaltem Wasser abspülen und abtropfen lassen. Den Schinken und die Putenbrust fein würfeln. Die Kiwis schälen und in Scheiben schneiden. Die Karambola und den Staudensellerie waschen und in dünne Scheiben schneiden. Die Tortellini zusammen mit den Früchten, dem Sellerie, dem Schinken und der Putenbrust auf einer Vorlegeplatte anrichten.

Aus den angegebenen Zutaten eine Marinade rühren und mit den Gewürzen abschmecken. Die Marinade über die angerichteten Tortellini geben.

Ambrosia-Salat

1 Karambola
1 Papaya
2 Kiwis
200 g Himbeeren (frisch oder gefroren)
einige Salatblätter
Für das Dressing:
1 halber Becher Creme fraîche
2 Teelöffel flüssiger Honig
1 Messerspitze geriebene Muskatnuß
2 Teelöffel geraspeltes Kokosfleisch

Eine Vorlegeplatte mit den Salatblättern belegen. Die Karambola waschen und in dünne Scheiben schneiden. Die Papaya schälen, halbieren und die Samen

Die Schale der Kiwano ist mit hornartigen Auswüchsen bedeckt. Deshalb wird die Frucht auch Hornmelone genannt. Die zahlreichen Samen sind in das grüne, geleeartige Fruchtfleisch eingebettet.

entfernen. Das Fruchtfleisch in kleine Würfel schneiden. Die Kiwis schälen und in Scheiben schneiden. Die Himbeeren verlesen oder, falls sie gefroren sind, langsam auftauen lassen. Alle Früchte auf den Salatblättern anrichten. Die Creme fraîche mit den anderen Zutaten verrühren und über die Früchte geben.

Weitere Rezepte:
Exotisches Quarkdessert, Seite 37
Schlankmacher-Frühstück, Seite 91

Kiwano
Cucumis metuliferus

Herkunft: Die Kiwano ist noch eine relativ neue Züchtung, die ursprünglich aus Neuseeland stammt.
Wissenswertes: Die Kiwano ist eine ganz besondere Melonen-Art. Wer sie das erste Mal sieht, weiß sofort, warum sie auch Hornmelone genannt wird. Die walzenförmige Frucht ist mit zahlreichen hornartigen Auswüchsen bedeckt. Kiwanos werden 10–14 cm lang

Die Kiwi gehört zu den exotischen Früchten, die den einheimischen Obstmarkt in kurzer Zeit erobert haben und heute das ganze Jahr über angeboten werden.

mit einem Durchmesser von etwa 8 cm. Die Schale kann gelb bis rot sein. Das Fruchtfleisch ist grünlich, sehr weich, fast geleeartig und mit unzähligen flachen, hellen Samen durchsetzt.
Lagerung und Haltbarkeit: Kiwanos werden unreif geerntet. Dann ist die Schale noch grün und die Früchte sind sehr hart. Über mehrere Monate reifen sie dann nach. Kiwanos lassen sich problemlos an einem kühlen, trockenen Ort, aber nicht im Kühlschrank, über Monate aufbewahren.
Verarbeitung: Die Frucht wird längs halbiert und das Fruchtfleisch mit den Samen ausgelöffelt. Das Aroma ist allerdings nicht sehr intensiv. Kiwanos werden hauptsächlich wegen ihres Aussehens gekauft und stellen einen attraktiven Blickfang auf einem Buffet dar. Hierzu schneidet man sie längs oder quer durch. Mit einem Löffel wird das Fruchtfleisch herausgelöst. Die feste Schale behält ihre Form und kann als dekoratives Gefäß verwendet werden. Man füllt die Schalenhälften mit Obstsalat oder pikanten Salaten.

Kiwi
Actinidia chinensis

Herkunft: Die Heimat der Kiwi ist das Jangtse-Tal in China. Seit 1906 werden Kiwis in Neuseeland angebaut, wo die Vögel mit dem gleichen Namen leben. Weil die rauhe, braune Schale sie vermutlich an das Federkleid des Kiwi erinnert hat, haben die Neuseeländer den Früchten diesen Namen gegeben.

Heute baut man Kiwis in Australien, Kalifornien, Chile, Südafrika und im Mittelmeerraum an. Sie sind das ganze Jahr über bei uns in großer Auswahl erhältlich.

Wissenswertes: Die Kiwi zählt zu den exotischen Früchten, die in wenigen Jahren unseren einheimischen Markt erobert haben und in keiner Obsttheke mehr fehlen. Wegen ihrer braunen, rötlich behaarten Schale werden die hühnereigroßen Früchte auch Chinesische Stachelbeere genannt.

Kiwis gehören zu der Pflanzengruppe mit dem merkwürdigen Namen Strahlengriffel. Schneidet man die Frucht quer durch, versteht man, wie es zu diesem Namen gekommen ist. Um den weißen Mittelteil – den ehemaligen Blütengriffel – sind strahlenförmig zahlreiche Kammern angeordnet, in welche die winzigen schwarzen Samen eingebettet sind.

Die Schale der Kiwis ist ungenießbar. Das Fruchtfleisch ist saftig und hat eine grüne Farbe. Es enthält das eiweißspaltende Enzym Actinidin. Belegt man Fleisch mit Kiwischeiben, kommt dieses Enzym zum Einsatz und wirkt wie ein Fleischzartmacher. Darüber hinaus fördert es die Eiweißzersetzung in unserem Körper und regt daher die Verdauung an. Außerdem enthalten Kiwis viel Vitamin C.

Worauf man achten sollte: Wenn die Früchte auf Druck leicht nachgeben, sollte man sie verzehren. Wenn sie noch zu fest sind, besitzen sie noch nicht ihr volles Aroma. Sobald die Schale beginnt, schrumpelig zu werden, sind die Kiwis zu weich und verlieren an Aroma.

Lagerung und Haltbarkeit: Werden Kiwis kühl, aber nicht im Kühlschrank gelagert, halten sie sich je nach Reifegrad zwischen einigen Tagen und zwei Wochen.

Verarbeitung: Um sie pur zu essen, schneidet man die Früchte am besten quer durch und löffelt sie aus. Man kann sie auch schälen und in Scheiben geschnitten anderen Gerichten beifügen. Die grünen Scheiben mit dem strahlenförmigen Muster sind immer ein dekorativer Blickfang. Vorsicht ist geboten bei der Verarbeitung mit Milchprodukten wie Quark oder Sahne. Sie können durch die Kiwis einen bitteren Geschmack annehmen, wenn sie mit den Früchten vermischt länger aufbewahrt werden.

Sorten: Die verschiedenen Kiwi-Sorten sind für den Verbraucher nicht zu unterscheiden. Geschmacklich am besten und am ertragreichsten sollen die in Neuseeland entwickelten Züchtungen sein. Sogar bei uns können im milden Weinbau-Klima Kiwis als Spalierobst angebaut werden. Es sind spezielle, frostverträgliche Züchtungen, die allerdings nur kleine, etwa pflaumengroße Früchte hervorbringen.

Bananen-Kiwi-Marmelade

2 Bananen
4 Kiwis
Saft einer Zitrone
500 g Gelierzucker

Die Bananen schälen und in Scheiben schneiden. Die Kiwis halbieren und das Fruchtfleisch mit einem Löffel herausnehmen. Die Fruchtstücke mit dem Pürierstab nur so weit zermusen, daß noch einige Stücke darin enthalten sind. Die Masse mit dem Zitronensaft und dem Gelierzucker vermischen und unter Rühren aufkochen. Etwa 2 Minuten sprudelnd kochen lassen. Danach heiß in kleine Gläser füllen und sofort verschließen.

Kiwi-Sorbet

400 g Kiwis
1 Eßlöffel Zitronensaft
100 ml Wasser
100 g Zucker

Das Wasser mit dem Zucker in eine Pfanne geben, verrühren und 2 Minuten durchkochen. Den Zuckersirup auf Zimmertemperatur abkühlen lassen. Die Kiwis schälen, pürieren und mit dem Zitronensaft vermischen. Das Kiwi-Püree mit dem abgekühlten Zukkersirup vermischen und etwa 30 Minuten in einer Eismaschine gefrieren lassen oder in Eiswürfelschalen füllen, nicht zu stark gefrieren lassen und vor dem Servieren mit dem Schneidestab des Handrührers aufschlagen. Das Kiwi-Sorbet mit Curaçao, Pfefferminz- oder Kiwilikör und Schlagsahne servieren.

Kiwi-Bowle

Pro Person:
1 Kiwi
40 ml Kiwilikör (20 % vol)
Sekt
Mineralwasser

Pro Person 1 Kiwi schälen und in Scheiben schneiden. In eine Schale geben und mit dem Kiwilikör übergießen. Mindestens 1 Stunde ziehen lassen. Die Früchte mit dem Likör in ein Bowlengefäß geben und mit eiskaltem Sekt und Mineralwasser auffüllen.

Weiteres Rezept:
Ambrosia-Salat, Seite 55

Kokosnuß
Cocos nucifera

Herkunft: Die Kokosnuß ist die Frucht der Kokospalme. Kokospalmen stammen ursprünglich aus Polynesien, wachsen aber heute überall in den Tropen in Küstennähe. Schon vor 4000 Jahren wurden sie in der Südsee kultiviert.
Wissenswertes: Trotz ihres Namens gehört die Kokosnuß nicht zu den Nüssen, sondern zu den Steinfrüchten. Die reifen Früchte fallen von den Bäumen. Viele von ihnen werden durch das Meer fortgespült. Kokosnüsse können lange Zeit im Salzwasser treiben, ohne ihre Keimfähigkeit zu verlieren. So kommt es, daß sie dabei Strecken von mehreren tausend Kilometern zurücklegen können und dann, wenn sie an einen Strand gespült werden, auskeimen. Dadurch kommt ihre weite Verbreitung zustande.

Die Kokosnuß ist eiförmig und wird 12–20 cm lang. Sie ist von einer dicken Faserschicht umgeben, die eine glatte, grünliche Außenhaut besitzt. Bei uns gelangen die Kokosnüsse allerdings ohne diese Außenhaut auf den Markt. Die harte, dunkelbraune Schale ist mit eng anliegenden Fasern umgeben. An der Spitze erkennt man drei rundliche Keimporen. Durch eine dieser Poren schiebt sich der junge Trieb, wenn die Kokosnuß auskeimt.
Worauf man achten sollte: Beim Kauf einer Kokosnuß sollte man den »Schütteltest« machen. Im Innern muß man eine Flüssigkeit, das Kokoswasser, »gluckern« hören. Ist die Kokosnuß

Unter der harten Schale der Kokosnuß verbirgt sich das weiße, feste Fruchtfleisch. Im Innern der Frucht befindet sich ein Hohlraum, der mit dem sogenannten Kokoswasser gefüllt ist, das gut gekühlt getrunken wird.

innen ausgetrocknet, ist sie zu alt und meist verdorben.

Verarbeitung: Bevor man die Frucht öffnet, bohrt man am besten ein Loch in die harte Schale und läßt die leicht milchige Flüssigkeit herauslaufen. Das aufgefangene Kokoswasser trinkt man am besten gut gekühlt. Es ist sehr nahrhaft und erfrischend. Nachdem die Frucht geleert ist, kann man die Kokosnuß öffnen. Dazu umwickelt man sie am besten mit einem Geschirrtuch, legt sie auf den Boden und versucht, sie mit einem gezielten Hammerschlag zu öffnen. Dabei sollte man darauf achten, daß die Frucht nur einige Risse bekommt, damit man sie in möglichst große Stücke aufteilen kann, und sie nicht in unzählige Splitter zerbricht.

Im Innern befindet sich an der harten Außenwand das schneeweiße Kokosfleisch. Es ist eigentlich kein richtiges Fruchtfleisch, sondern das sogenannte Endokarp der Frucht. In den Erzeugerländern wird das Endokarp getrocknet und zerkleinert. Es wird Kopra genannt und ist der Rohstoff für Erzeugnisse wie Palmin.

Aus der geöffneten Kokosnuß kann man das weiße Fleisch mit einem stabilen Messer herauslösen. Das Fruchtfleisch löst sich leichter von der Schale, wenn man die Teile für einige Minuten bei 150 °C im Backofen erhitzt. Am besten schmeckt es ganz frisch. Das Kokosfleisch ist dann noch richtig saftig und das typische Aroma kommt am besten zur Geltung. Will man eine geöffnete Kokosnuß aufbewahren, sollte man die Stücke in Frischhaltefolie verpacken oder in eine dicht schließende Dose geben und im Kühlschrank lagern. Eine geschlossene Kokosnuß kann man einige Wochen im Kühlschrank aufbewahren. Man sollte aber regelmäßig den 'Schütteltest' durchführen. Das weiße Fruchtfleisch kann man auch einfrieren.

Kokosnüsse eignen sich nicht nur zum »Knabbern«, sondern auch als Verfeinerung für viele Gerichte. Die abgepackt erhältlichen Kokosflocken sind von der Weihnachtsbäckerei bekannt. Aber auch die frische Kokosnuß findet Anwendung in der Küche. Dazu reibt man das weiße Fleisch auf einer Raspel oder hobelt es fein.

Fischfilet in Kokospanade mit Zitronen-Petersilie-Sauce

4 Stück Kabeljaufilet
Zitronensaft zum Beträufeln
Salz
Mehl
1–2 Eier
100 g fein geraspeltes, frisches Kokosnußfleisch
100 g Mandelstifte
Für die Sauce:
Saft einer Zitrone
2 Teelöffel gehackte Petersilie
100 g Butter

Die Fischfilets mit Zitronensaft beträufeln und salzen. Mehl in einen tiefen Teller geben. Die Eier in einem zweiten Teller mit der Gabel aufschlagen. Die Mandelstifte in einer Pfanne anrösten. Abkühlen lassen und mit den Kokosnußraspeln vermischen und auf einen dritten Teller geben. Die Fischfilets zuerst in Mehl, dann in den Eiern und zuletzt in der Kokosnußmischung wälzen, bis sie gleichmäßig paniert sind. Den Backofen auf 220 °C vorheizen. Die Fischfilets in eine flache Auflaufform geben und 15–20 Minuten backen. Der Fisch muß am Ende der Garzeit leicht zerfallen.

Für die Sauce die Butter zerlassen und zusammen mit dem Zitronensaft und der Petersilie erhitzen. Als Beilage passen dazu Salzkartoffeln.

Die Kokosnußpanade kann auch für Hähnchenschnitzel verwendet werden.

Kokos-Creme

1 Kokosnuß
3 Eier
4 Eßlöffel Zucker
1 Päckchen Vanillinzucker
1 Schuß Weinbrand
Schokoladenraspel zum Bestreuen

Die Kokosnuß öffnen und das Kokoswasser abgießen. Das weiße Fruchtfleisch fein raspeln. Die Eier mit dem Zucker und dem Vanillinzucker schaumig rühren. Dann den Weinbrand dazugeben und die Kokosflocken unterrühren. In Dessertschalen verteilen und kalt stellen. Vor dem Servieren mit Schokoladenraspeln bestreuen.

Weitere Rezepte:
Ambrosia-Salat, Seite 55
Geflügelsalat mit Nashi, Seite 86

Kumquat
Fortunella japonia und *F. margarita*

Herkunft: Kumquats stammen aus China, werden heute aber auch in Japan, Nord- und Südamerika und im Mittelmeerraum angebaut. Da sie ziemlich problemlos zu transportieren sind, werden sie eigentlich das ganze Jahr über bei uns angeboten.
Wissenswertes: Die Kumquat trägt auch den irreführenden Namen Zwergorange. Sie hat zwar dieselbe Farbe wie eine Orange und auch die Schale ist ähnlich beschaffen, aber die Kumquat ist keine Zitrusfrucht, allerdings botanisch mit den Zitrusfrüchten verwandt.

Die Früchte sind kugelig oder länglich-oval mit einem Durchmesser von 2,5 cm und einer Länge bis 4 cm. Die Schale ist goldgelb bis orangegelb und, wie die der Zitrusfrüchte, mit feinen Poren besetzt. Das Fruchtfleisch ist orangefarben und in drei bis sechs Kammern unterteilt. Im Innern befinden sich einige Kerne.
Worauf man achten sollte: Man sollte nur Früchte kaufen, die eine glatte, feste Schale haben. Sobald die Schale weich und schrumpelig wird, sind die Früchte zu alt und innen strohig trokken.

Kumquats sehen aus wie kleine, ovale Orangen und werden deshalb auch Zwergorangen genannt. Sie gehören allerdings nicht zu den Zitrusfrüchten, sondern sind nur mit ihnen verwandt.

Lagerung und Haltbarkeit: Feste Früchte können durchaus ein bis zwei Wochen im Kühlschrank aufbewahrt werden.
Verarbeitung: Im Gegensatz zu den Zitrusfrüchten kann man bei den Kumquats die Schale mitessen. Die Früchte werden gewaschen und im ganzen verzehrt. Der ohnehin herb-süße Geschmack der Frucht erhält mit der Schale eine leicht bittere Note.

Kumquats schmecken wie saftiges, ein wenig bitteres Orangeat. Wegen des intensiven Aromas eignen sich Kumquats hervorragend zum Aromatisieren von Longdrinks, Cocktails, Sekt, Fruchtsalaten und Desserts. In Scheiben geschnitten, wirken sie außerdem sehr dekorativ. Aber auch zu pikanten Gerichten passen diese Früchte. In Scheiben geschnitten in Fleischsaucen mitgeschmort, passen sie zu Huhn, Ente oder Lammgerichten und harmonisieren ebenso mit den hellen Saucen von Fischgerichten.

Kumquats in Whisky

500 g Kumquats
250 g Zucker
0,5 l Whisky
1 Zimtstange

Die Kumquats waschen und abtrocknen. In nicht zu dünne Scheiben schneiden und abwechselnd mit dem Zucker in ein passendes Glasgefäß schichten. Die Zimtstange darauflegen und mit dem Whisky auffüllen, so daß alle Früchte vollständig bedeckt sind. Danach dicht verschließen. Vor dem ersten Probieren mindestens vier Wochen durchziehen lassen. Die Früchte lassen sich nun vielseitig verwenden.

Limetten gehören zu den Zitrusfrüchten. Die Schale ist grün oder gelblich gefärbt. Dies hängt nicht vom Reifegrad, sondern von der Sorte ab. Die grünen Sorten sind aromatischer als ihre gelben Verwandten.

Gefüllte Kumquats

4 Kumquats
8 Scheiben Ananas
100 g Marzipan
Schlagsahne

Die Kumquats halbieren und das Fruchtfleisch aushöhlen. Mit klein gewürfeltem Marzipan füllen und mit einem Häubchen aus Schlagsahne garnieren. Die Ananasscheiben auf Dessertteller verteilen und die Kumquat-Hälften jeweils in das Loch der Ananasscheiben setzen.

Kumquats eignen sich hervorragend zum Aromatisieren und Dekorieren von Sekt, Longdrinks oder Cocktails.

Limette
Citrus aurantiifolia

Herkunft: Ursprünglich kommen die Limetten aus Ostasien, werden heute aber in Mittelamerika und Florida angebaut.
Wissenswertes: Die Limette ist eine Zitrusfrucht, die bei uns allerdings nicht so häufig Verwendung findet wie die Zitrone oder Orange. Die kugeligen bis eiförmigen Früchte haben eine wachsartige, grüne bis gelbliche Schale. Auch das Fruchtfleisch ist grünlich und wie bei allen Zitrusfrüchten in Kammern unterteilt. Die Früchte enthalten keine oder nur wenige Kerne.

Die amerikanischen Seefahrer führten Limetten früher als Mittel gegen

Skorbut mit sich. Das brachte ihnen den Spitznamen »Limey« ein. Durch Kolumbus gelangte die Limette in die Neue Welt.

Worauf man achten sollte: Die Schale der Limetten sollte beim Kauf glatt und fest sein. Die Farbe gibt keine Auskunft über den Reifegrad, sondern ist von der Sorte abhängig. Aromatischer sind die grünen Sorten.

Lagerung und Haltbarkeit: Wie alle Zitrusfrüchte können auch Limetten einige Wochen, möglichst kühl, aber nicht im Kühlschrank, gelagert werden.

Verarbeitung: Von den Limetten verwertet man entweder das ganze Fruchtfleisch oder nur den Saft. Am besten entsaftet man die Früchte mit einer Zitruspresse. Limettensaft hat einen intensiveren Geschmack als Zitronensaft und ist daher zum Aromatisieren von Getränken besser geeignet. Grundsätzlich läßt sich Limettensaft anstatt Zitronensaft einsetzen, wobei das Aroma intensiver und feiner wird. Wenn man Limetten wie einen Apfel schält, kann man sie in feine Scheiben schneiden oder die Segmente von den Trennhäuten einzeln lösen und für Obstsalate oder zu Fischgerichten verwenden. Das Fruchtfleisch ist wesentlich zarter und feinfaseriger als das von Zitronen und hat eine mildere Säure.

Sorten: Man unterscheidet die kleinen, grünen mexikanischen Sorten von den etwas größeren persischen, die bei Reife gelb werden. Diese besitzen keine Kerne und haben meist ein schwächeres Aroma.

Daiquiri

1 Limette
1 Teelöffel Zucker
100 ml Weißer Rum
Eiswürfel
Limettenscheiben zum Garnieren

Die Limette auspressen und in dem Saft den Zucker auflösen. Zusammen mit dem Rum in einen Shaker geben und mit zerstoßenem Eis auffüllen. Im Cocktailglas mit einer Limettenscheibe am Glasrand servieren.

Wer es etwas fruchtiger mag, kann zusätzlich im Mixer zerkleinerte Himbeeren oder einen Pfirsich hinzugeben.

Limettenquark

250 g Magerquark
200 g Schlagsahne
4 Eßlöffel Zucker
Saft von 2 Limetten
Früchte zum Garnieren

Den Quark mit dem Zucker und dem Limettensaft glattrühren. Die Sahne steifschlagen und unter die Quarkmasse ziehen. Den Zitronenquark in Dessertschalen füllen und nach Belieben mit frischen Früchten oder Dosenfrüchten garnieren.

Der Daiquiri ist der klassische Cocktail, für dessen Zubereitung Limetten unentbehrlich sind. Auch bei anderen Mixgetränken sollte man statt Zitronen wenn möglich Limetten verwenden, da deren Aroma intensiver ist.

OLD

Das zarte Fruchtfleisch der Litschi ist von einer dünnen, brüchigen Schale umgeben, die sich leicht entfernen läßt. Die großen, dunkelbraunen Samen sind nicht eßbar.

Salatdressing mit Limettensaft

Saft von 2 Limetten
1 kleine Zwiebel
1 Teelöffel Senf
6 Eßlöffel Sonnenblumenöl
1 Teelöffel Zucker
Salz, Pfeffer

Den Limettensaft mit dem Öl, dem Senf und dem Zucker verrühren. Die Zwiebel schälen und fein hacken und dazugeben. Mit Salz und Pfeffer abschmecken. Schmeckt besonders gut zu Eisberg- und Feldsalat.

Weitere Rezepte:
Mango-Chutney, Seite 74
Papaya mit Putenbrust, Seite 91
Avocado-Sauce mit Sesam, Seite 114

Litschi
Litchi chinensis

Herkunft: Litschis stammen ursprünglich aus China, wo sie schon seit über 2000 Jahren kultiviert werden. In ihrer Heimat bezeichnet man sie als »Spenderin der Lebensfreude«. Bei uns wird die Litschi manchmal auch Chinesische Pflaume oder Liebesfrucht genannt. Heute werden Litschis in Asien, Ozeanien, Südafrika und Florida angebaut und sind bei uns fast das ganze Jahr über erhältlich.
Wissenswertes: Bevor die frischen Früchte auf den Markt kamen, wurden Litschis im Sortiment der asiatischen Spezialitäten in Dosen angeboten. Frische Litschis übertreffen im Geschmack aber die konservierten Früchte bei wei-

tem. In China werden Litschis nicht nur frisch verwertet, sondern auch wie Rosinen getrocknet.

Die rötlichbraune, spröde Schale ist in viele kleine Felder unterteilt, auf denen sich jeweils eine spitze Warze befindet. Die Schale ist dünn und brüchig, so daß sie leicht von dem weißlichen, glatten Fruchtfleisch entfernt werden kann. Das leicht durchscheinende Fruchtfleisch ist sehr saftig und besitzt einen frischen, süßlichen, aromatischen Geschmack. In seiner Konsistenz erinnert es an Weintrauben. Im Innern der Frucht befindet sich ein großer brauner glänzender Kern, der nicht mitgegessen werden kann.

Worauf man achten sollte: Beim Kauf sollten sich die Schalen hart und fest, auf keinen Fall weich anfühlen. Sonst sind die Früchte nämlich bald verdorben. Die Schalen sollten unversehrt und möglichst rot gefärbt sein.

Lagerung und Haltbarkeit: Litschis reifen nicht nach, werden also reif geerntet. Bei kühler Lagerung sind sie etwa 3–4 Wochen haltbar. Da die meisten Früchte schon einen sehr langen Weg hinter sich haben, sollte man sie zu Hause möglichst bald verzehren. Am besten bewahrt man sie in einem Plastikbeutel im Kühlschrank auf.

Verarbeitung: Litschis werden geschält, halbiert und entsteint. Roh eignen sie sich hervorragend als Beigabe zu Obstsalaten, Longdrinks oder Bowlen, aber auch zu pikanten Gerichten. Litschis können aber auch als exotische Beilage in Saucen zu Kalbfleisch, Geflügel- oder Fischgerichten verwendet werden. Dabei muß man darauf achten, daß die geschälten und entsteinten Litschis nur kurz in der Sauce erhitzt und nicht mitgekocht werden, denn durch Kochen werden die Früchte zäh.

Sorten: Es gibt weit über hundert verschiedene Litschisorten. Sie gelangen aber ohne Sortenbezeichnung in den Handel und sind auch für den Verbraucher nicht zu unterscheiden.

Litschi-Avocado-Salat

200 g frische Litschis
2 Avocados
100 g Sellerieknolle
1 gelbe Paprikaschote (möglich sind auch rote oder grüne Paprika, aber gelbe haben das beste Aroma)
200 g gekochter Schinken
Saft einer Zitrone
1 Zwiebel
2 Eßlöffel Öl
2 Teelöffel Curry
1 Teelöffel Senf
Salz
125 g Salatmayonnaise

Die Litschis schälen, halbieren und die Kerne entfernen. Den Zitronensaft in eine Schüssel geben. Die Avocados längs halbieren, den Kern entfernen und das Fruchtfleisch bis auf einen etwa 0,5 cm dicken Rand in kleinen Stücken herausheben und in den Zitronensaft legen. Die ausgehöhlten Hälften mit etwas Zitronensaft beträufeln. Den Sellerie schälen und fein raspeln und mit dem Avocadofruchtfleisch vermischen. Die Paprikaschote vierteln, entkernen und in kleine Stücke schneiden. Den gekochten Schinken in dünne Streifen schneiden. Die Litschis, die Paprika und den Schinken zu der Avocado-Sellerie-Mischung geben.

Für die Marinade die Zwiebeln fein hacken und kurz in Öl hell andünsten. Dann den Curry hinzugeben und ab-

Die Loquat wird auch Japanische Mispel genannt. Schneidet man die Früchte auf, erkennt man die Ähnlichkeit zu Äpfeln oder Birnen, die wie die Loquat zu den Rosengewächsen gehören. Die großen Samen im Innern des Kerngehäuses sind ungenießbar.

kühlen lassen. Mit Mayonnaise, Senf und Salz vermischen und abschmecken. Den Salat mit der Marinade vermischen und in die Avocadohälften füllen.

Loquat
Eriobotrya japonica

Herkunft: Trotz der Bezeichnung Japanische Mispel scheint die Loquat ursprünglich aus China zu stammen. Dort wird sie heute noch ebenso wie in Japan und Indien kultiviert. Außerdem wird sie im gesamten Mittelmeerraum und in anderen subtropischen Gebieten angebaut. Auf italienischen Märkten werden sie als Nespole angeboten.

Wissenswertes: Die Loquat, auch unter dem Namen Japanische Mispel bekannt, gehört wie Apfel oder Birne zu den Rosengewächsen. Die Früchte sind kugelig bis birnenförmig und werden etwa 7–8 cm lang. An einem Ende tragen sie eine Einbuchtung, an der noch der vertrocknete Blütenkelch zu erkennen ist. Die Schale und das Fruchtfleisch sind orangegelb. Im Innern befindet sich eine Art Gehäuse, ähnlich dem eines Apfels, in das zwei oder drei große, dunkelbraune Samen eingebettet sind. Das Fruchtfleisch ist knackig, saftig und süß. 1787 wurde die Loquat wegen ihrer schönen Blüten erstmalig nach Europa gebracht. Die Bezeichnung Mispel ist etwas irreführend. Die

Loquat ist mit der echten, braunen, holzigen Mispel nicht näher verwandt.

Die Früchte müssen vollreif geerntet werden, da sie nicht nachreifen. Daher stammen die bei uns erhältlichen Loquats aus dem Mittelmeerraum, da sie einen längeren Transport nicht überstehen würden.

Lagerung und Haltbarkeit: Reife Früchte sind bei kühler Lagerung ein bis zwei Wochen haltbar.

Verarbeitung: Solange die Früchte noch frisch und knackig sind, eignen sie sich gut zum rohen Verzehr. Die Schale läßt sich meist leicht abziehen. Auch das Kerngehäuse sollte entfernt werden. Sind die Früchte schon überreif oder etwas weich geworden, verarbeitet man sie am besten zu Kompott.

Loquat-Kompott

1 kg Loquats
100 g Einmachzucker
250 ml Wasser
Saft einer Zitrone
20 ml Weinbrand

Die Loquats schälen, halbieren und das Kerngehäuse mit den Samen entfernen. Das Wasser mit Zucker und Zitronensaft aufkochen. Die Früchte dazugeben und bei kleiner Hitze 20 Minuten gar ziehen lassen. Dann das Kompott vom Herd nehmen, den Weinbrand unterrühren und abkühlen lassen.

Loquat-Dessert

8 nicht zu harte Loquats
2 Eßlöffel Butter
250 ml Rotwein
Zimt und Zucker zum Bestreuen

Die Loquats schälen, halbieren und das Kerngehäuse mit den Samen entfernen. Die Fruchthälften in einer Pfanne in Butter weich schmoren. Mit dem Rotwein aufgießen und 5–10 Minuten offen köcheln lassen. Die Früchte herausnehmen, je vier Hälften auf einem Teller anrichten und mit Zimt und Zucker bestreut servieren.

Lulo
Solanum quitoense

Herkunft: Die Lulo stammt aus dem tropischen Amerika und wird in Ecuador, Kolumbien, Costa Rica, Panama und Guatemala angebaut. Dort wird viel Lulo-Saft erzeugt, der sich ähnlicher Beliebtheit erfreut wie bei uns der Orangensaft. Bei uns sind Lulos allerdings noch recht selten zu bekommen. Vermutlich überstehen sie den langen Transport nicht gut, da sie sehr druckempfindlich sind.

Wissenswertes: Wie die Kapstachelbeere gehört die Lulo zu den Nachtschattengewächsen. In ihrer Heimat wird die Lulo 'Naranjilla' genannt, was 'kleine Orange' bedeutet. Die kugelförmigen Früchte werden 4–6 cm groß. Die glatte Schale ist zunächst dunkelgrün, dann gelb-grün gefleckt und bei Vollreife goldorange. Das Fruchtfleisch ist weich, hat eine grüne Farbe und enthält viele gelbliche Kerne. Beim Öffnen der Frucht verströmt es einen angenehmen Duft.

Lagerung und Haltbarkeit: Lulos sind sehr empfindlich und sollten sofort verwertet werden.

Verarbeitung: Das Fruchtfleisch besitzt einen sehr frischen, säuerlichen Geschmack, der an eine Mischung aus Ananas und Zitrone erinnert. Es eignet

Im Innern der Mango befindet sich ein sehr großer Same, der fest mit dem faserigen Fruchtfleisch verbunden ist und nur schwer herausgelöst werden kann. Die Färbung der Schale kann von Grün über Gelb bis Rot variieren, hängt aber nicht vom Reifegrad, sondern von der Sorte ab.

sich besonders als Beigabe zu Cocktails. Um die vielen Samen abzutrennen, passiert man das Fruchtfleisch am besten durch ein Sieb. Man kann aber auch die Frucht halbieren und das geleeartige Fruchtfleisch mitsamt den Kernen, die dabei nicht stören, auslöffeln. Milchmixgetränke lassen sich nicht zubereiten, da die Milch durch den hohen Säuregehalt des Saftes gerinnt.

Mango
Mangifera indica

Herkunft: Schon vor über 4000 Jahren wurden Mangos in Burma und Indien kultiviert. Auch heute noch wird ein großer Anteil der Weltproduktion von Mangos in Indien erzeugt. Wichtige Anbauländer sind außerdem Pakistan und Brasilien, aber auch in vielen anderen tropischen Gebieten werden Mangos angebaut.

Wissenswertes: Die Mango ist eine der wichtigsten Obstsorten der Tropen. Sie wird auch 'Apfel der Tropen' genannt.

Mangos sind ovale oder nierenförmige Früchte, die bis 15 cm lang werden. Die wachsartige Schale ist grün, gelblich, orange oder rotviolett gefärbt und kann auch mehrere dieser Farben vereinen. Die Schale ist nicht zum Verzehr geeignet. Das Fruchtfleisch besitzt eine tiefgelbe Farbe und ist sehr saftig. In der Mitte der Frucht befindet sich ein großer Kern, der von einer harten, mit Fasern besetzten Schale umgeben ist. Zur Mitte hin wird auch das Fruchtfleisch faseriger und läßt sich nur schwer von der Samenschale abtrennen.

Die Früchte werden unreif geerntet und reifen auf dem Transport nach. Mangos enthalten im unreifen Zustand Terpentin. Mit zunehmender Reife wird dieser Stoff allmählich abgebaut, bis das vollreife Fruchtfleisch nur noch den süßen, typischen Geschmack besitzt. Am besten läßt sich das Fruchtfleisch mit dem eines saftigen Pfirsichs vergleichen, wobei der charakteristische Geschmack der Mango schwer zu beschreiben ist.

Das Fruchtfleisch enthält viel Vitamin C und besonders viel Provitamin A. Es ist appetit- und verdauungsfördernd und auch als Babynahrung geeignet.

Worauf man achten sollte: Den richtigen Reifezustand einer Mango zu erkennen, erfordert etwas Erfahrung. Da diese Früchte aber bei uns regelmäßig angeboten werden und auch nicht mehr so teuer sind, sollte man öfter eine Mango versuchen. So köstlich eine vollreife Mango schmeckt, so enttäuschend ist eine unreife. Die Farbe sagt nichts über den Reifegrad aus, sondern ist abhängig von der Sorte. Reife Früchte geben auf Druck leicht nach und haben einen zarten Duft.

Das Fruchtfleisch der Mango läßt sich am besten ablösen, wenn man es vorher gitterförmig einschneidet.

Lagerung und Haltbarkeit: Mangos kann man zu Hause bei Zimmertemperatur nachreifen lassen. Reife Mangos sollten im Kühlschrank aufbewahrt werden. Die Frucht eignet sich auch zum Einfrieren.
Verarbeitung: Um eine Mango zu zerteilen, sollte man eine bestimmte Methode anwenden, da das Fruchtfleisch manchmal nur schwer vom Kern zu lösen ist. Zunächst schält man die Frucht mit einem Schälmesser. Dann schneidet man mit einem langen Messer das Fruchtfleisch auf einer Seite längs und quer ein, so daß ein Kästchenmuster entsteht. Die einzelnen Stücke lassen sich so leicht parallel zum Kern abheben. Ebenso verfährt man auf der anderen Seite.

Mangos eignen sich zum Frischverzehr oder als Bestandteil für Obstsalate. Besonders mit säurehaltigen Früchten harmoniert das milde Fruchtfleisch der Mango. Auch wer noch kein Liebhaber von frischen Mangos ist, kennt vermutlich aber das berühmte Mango-Chutney aus der asiatischen Küche.
Sorten: Es gibt über 1000 verschiedene Mangosorten. Auch bei uns werden verschiedene Sorten angeboten, wobei das Sortiment bei uns längst nicht so vielfältig ist wie in den Erzeugerländern. Sie unterscheiden sich in Farbe und Größe. Die rotbackigen Sorten besitzen einen milden Geschmack und sind im Aroma dem Pfirsich recht ähnlich. Grünschalige Früchte werden vom Verbraucher wegen ihrer vermeintlichen Unreife häufig nicht gekauft. Sie haben aber ein vorzügliches Aroma und sollten ebenso wie die kleinfrüchtigen Sorten einmal versucht werden.

Mango-Chutney

6 Mangos
250 g brauner Zucker
250 ml Weißweinessig
1 große Zwiebel
1 frische Peperoni
1 Knoblauchzehe
1 Limette
1 halber Teelöffel Zimt
1 halber Teelöffel gemahlene Nelken
1 Teelöffel Kräutersalz
1 Messerspitze Cayenne-Pfeffer

Die Mangos schälen, das Fruchtfleisch vom Kern lösen und in kleine Stücke schneiden. Die Zwiebel und die Knoblauchzehe schälen und fein hacken. Die Peperoni längs halbieren, die Kerne entfernen und in kleine Stücke schneiden. Die Limette schälen, die weißen Häute entfernen und das Fruchtfleisch in kleine Stücke schneiden. Alle Zutaten vermischen und unter Rühren etwa 30 Minuten köcheln lassen, bis die Masse eine marmeladenähnliche Konsistenz hat. Heiß in saubere Gläser füllen und sofort verschließen.

Paßt zu den verschiedensten Fleisch- und Fischgerichten.

Mango-Crêpes

3 Mangos
50 ml Kirschlikör
10 g Aprikosenmarmelade
25 g Butter
<u>Zutaten für 12 Crêpes:</u>
125 g Mehl
4 Eßlöffel Puderzucker
2 Eigelb
1 Ei
Mark von 1 Viertel Vanillestange

Am Stielansatz der Mangostane befindet sich noch der vertrocknete Blütenkelch. Die Schale der Frucht muß unversehrt sein, da sonst das Fruchtfleisch schnell verdirbt.

125 ml Milch
125 ml Sahne
4 Eßlöffel Butter
100 g Puderzucker zum Bestäuben

Das Mehl und den Puderzucker in eine Schüssel sieben und mit dem Eigelb, dem Ei und dem Vanillemark verrühren. Unter ständigem Rühren Milch und Sahne langsam einlaufen lassen, bis ein dünnflüssiger Teig entsteht. 2 Eßlöffel Butter schmelzen, etwas abkühlen lassen und unter den Teig rühren. Fünf Minuten ruhen lassen. In der restlichen Butter 12 dünne Crêpes backen und auf einer Servierplatte warm halten. Danach die Mangos schälen und das Fruchtfleisch in feine Scheiben schneiden. Kurz in Butter anbraten und den Likör und die Aprikosenmarmelade dazugeben. Die Crêpes mit dieser Mangomasse füllen und aufrollen. Nebeneinander in einer flachen feuerfesten Form anrichten und mit dem Puderzucker bestäuben. Bei 225 °C im Backofen karamelisieren lassen und sofort heiß servieren.

Mangostane
Garcinia mangostana

Herkunft: Diese Frucht gehört noch zu den auf unserem Markt seltener angebotenen Arten. Sie stammt ursprünglich aus Malaysia und wird heute in allen Tropengebieten angebaut.
Wissenswertes: Die kugeligen, bis zu 9 cm großen Früchte haben eine harte, rotbraun bis dunkelviolett gefärbte

Die Mangostane besitzt eine sehr dicke, harte Schale. Im Innern befindet sich das zarte, weiße Fruchtfleisch, das in mehrere Segmente unterteilt ist und leicht herausgelöst werden kann.

Schale. An einem Ende der Frucht befindet sich deutlich erkennbar eine verholzte Narbe. Am Stielansatz sind noch die vier trockenen Kelchblätter erhalten.

Das Fruchtfleisch liegt wie in einer Höhle eingebettet im Innern der dicken Schale. Verglichen mit der Gesamtgröße der Frucht, ist der Anteil des Fruchtfleisches sehr gering. Es ist weiß, weich und saftig. Es ist in vier bis sieben Segmente aufgeteilt, die wie bei einer Mandarine angeordnet sind und sich leicht voneinander trennen lassen. Die gelbgrünen Samen sind länglich und können mitgegessen werden. In vielen Früchten befinden sich keine Samen.

Worauf man achten sollte: Die holzige Schale der Mangostane ist bis zu 8 mm dick und sehr fest. Beim Öffnen muß man vorsichtig vorgehen, weil das im Innern befindliche Fruchtfleisch sehr weich und empfindlich ist. Trotz ihrer robusten Schale sind diese Früchte nicht sehr lange haltbar. Leider hat man keine Möglichkeit, von außen zu erkennen, ob die Früchte noch einwandfrei sind. Schon ein winziger Riß in der Schale reicht aus, daß das Fruchtfleisch verdirbt. Am besten ist es, wenn man die Mangostanen sofort nach dem Kauf verwertet.

Verarbeitung: Die Mangostane gilt als die wohlschmeckendste Frucht der Tropen. Das Fruchtfleisch schmeckt sehr sahnig und hat ein angenehm süßes, mildes Aroma. Es ist so weich, daß man es sich auf der Zunge zergehen lassen kann. An Druckstellen färbt es sich sofort braun. Um wirklich in den Genuß des unvergleichlichen Aromas zu gelangen, ißt man das Fruchtfleisch am besten pur. Hierzu öffnet man die harte Schale mit einem stabilen Messer, indem man einmal rund um die Frucht

Exotisches Obst und Gemüse ist nicht nur ein Gaumenschmaus, sondern auch sehr dekorativ (Sweetie, Granatapfel, Okra, Rambutan, Manna, Ugli, Kiwano, Pepino, Pomelo, Johannisbrot, Mango, Salak, Cherimoya).

einschneidet. Dann löst man das Fruchtfleisch vorsichtig heraus. Man kann auch delikate Desserts damit anrichten.

Baiser mit Erdbeersahne und Mangostane

6 fertig gekaufte Baisers
3–4 Mangostanen
250 g Erdbeeren
200 ml Sahne
2 Eßlöffel Zucker

Die Erdbeeren (bis auf 6 schöne Exemplare) zusammen mit dem Zucker pürieren. Die Sahne steif schlagen und vorsichtig mit dem Erdbeerpüree vermischen. In die Baisers füllen. Die Mangostanen halbieren, das Fruchtfleisch herauslösen und in die einzelnen Segmente aufteilen. Mit den restlichen Erdbeeren auf der Erdbeersahne anrichten und sofort servieren.

Mangostanen-Sorbet

4 Mangostanen
1–2 Eßlöffel Zucker
4 Kugeln Vanilleeis
Sekt

Die Mangostanen halbieren und das Fruchtfleisch herauslösen. Mit dem Zucker fein pürieren. In vier hohe Gläser je eine Kugel Vanilleeis und darüber das Mangostanen-Püree geben. Mit eisgekühltem Sekt auffüllen und servieren.

Manna
Cassia fistula

Herkunft: Manna stammt ursprünglich aus Südasien und wird heute auch in Afrika und im tropischen Amerika angebaut.

Wissenswertes: Wer schon einmal Manna in der Obstabteilung entdeckt hat, wird sich sicherlich über die langen, runden, schwarzbraunen Gebilde gewundert haben. Manna gehört zu den Johannisbrotgewächsen. Die runden Hülsenfrüchte können bis zu 50 cm lang werden.

Ein anderer Name für diese Frucht ist Röhrenkassie. Sie ist verwandt mit dem Johannisbrot und der Tamarinde. Das süße, klebrige Fruchtmark umgibt die Samen, die im Innern der Schote in kleinen, durch runde Blättchen abgeteilten Fächern liegen. Es besitzt mild abführende Wirkung. Diese Frucht ist nicht zu verwechseln mit dem biblischen Manna, das vermutlich eine Flechte oder der Honigtau der Mannaschildlaus war. Auch die Ausscheidung der Manna-Esche nach Einritzen des Stammes, die viel Mannit enthält, wird Manna genannt.

Worauf man achten sollte: Die runden Hülsenfrüchte sollten eine unversehrte Schale haben.

Lagerung und Haltbarkeit: Bei trockener Lagerung sind die Früchte monatelang haltbar.

Verarbeitung: Man verzehrt das süße Fruchtmark des Mannas. Hierzu bricht oder schneidet man die Hülsen in kleine Stücke, löst die runden Trennwände heraus und lutscht das Fruchtmark ab. Abbildung Seite 77.

Maracuja
Passiflora edulis, P. ligularis

Herkunft: Passionsfrüchte stammen ursprünglich aus Brasilien, werden heute aber in den meisten Tropenländern angebaut.

Wissenswertes: Maracujas sind die Früchte der Passionsblumen und werden daher auch Passionsfrüchte genannt. Bekannt geworden sind Maracujas, als sie in Form von Trinknektar oder gemischt mit anderen Fruchtsäften bei uns auf den Markt kamen. Heute bekommt man auch häufig die ganzen Früchte zu kaufen.

Bei uns werden verschiedene Varianten der Passionsfrucht angeboten, die sich auf den ersten Blick nicht sehr ähnlich sehen. Allen gemeinsam ist die kugelige Form. Die Schale ist pergament- oder wachsartig und kann dunkelviolett, grüngelb oder orange gefärbt sein. Bei allen Früchten befinden sich im Innern zahlreiche Samen, die von schleimigem, grünlichem Fruchtfleisch, das Saftbläschengewebe genannt wird, umgeben sind.

Purpurgrenadille
Die Art wird 7 cm groß und besitzt eine purpurrote bis dunkelviolette Schale, die nach der Ernte erheblich schrumpft. Das hat aber keinen Einfluß auf den Saftgehalt der Frucht. Diese Art findet man in Kenia, Australien und Neu Guinea.

Gelbe Passionsfrucht
Die Frucht wird etwas größer und besitzt eine wachsartige Schale, die zunächst grün, mit zunehmender Reife gelb wird. Dabei kann die Schale auch etwas faltig werden. Diese Variante wächst in Südamerika, auf Fiji, Hawaii,

Die dunkelviolette Schale der Purpurgrenadille schrumpft nach der Ernte ein, was aber keinen Qualitätsverlust bedeutet. Der Saft wird aus dem geleeartigen Fruchtfleisch gewonnen und ist sehr aromatisch.

Taiwan und Sri Lanka. Die Saftausbeute bei beiden Sorten beträgt 32 %. Maracuja-Saft spielt eine bedeutende Rolle bei der Herstellung von Säften, Mixgetränken und Milchprodukten.

Süße Grenadille

Die Süße Grenadille besitzt ein gräuliches Fruchtfleisch und weniger Säure als *Passiflora edulis*. Sie dient weniger der Saftgewinnung, sondern die bis zu 12 cm großen Früchte werden ausgelöffelt. Die Samen werden mitgegessen. Die orangefarbene Schale ist glatt und fest und daher weniger druckempfindlich, so daß die Früchte längere Transporte besser überstehen. Die Süße Grenadille stammt aus den Bergregionen Mexikos und Zentralamerikas.

Curuba

Eine gelbe, bananenförmige, bis 10 cm lange Frucht mit rosa- bis orangefarbenem Fruchtfleisch. Die Schale ist zunächst grün, verfärbt sich mit zunehmender Reife gelb.

Lagerung und Haltbarkeit: Bei den weichschaligen Sorten wird die Schale häufig faltig und schrumpelig, was keinen Qualitätsverlust bedeutet. Die Früchte lassen sich bei kühler Lagerung wochenlang aufbewahren.
Verarbeitung: Die meisten Passionsfruchtarten dienen der Gewinnung des gelben, sehr aromatischen und leicht säuerlichen Maracuja-Saftes. Auch in der Küche verleiht der intensive Geschmack der Passionsfrüchte vielen Ge-

Die Maracujapaste muß so lange erhitzt werden, bis sie eine honigartige Konsistenz annimmt. Sie kann als schmackhafter Brotaufstrich oder zur Verfeinerung von Süßspeisen verwendet werden.

richten oder Getränken eine raffinierte Note. Besonders für die Zubereitung von Obstsalaten und Longdrinks ist Maracuja-Saft hervorragend geeignet.

Zur Saftgewinnung halbiert man die Früchte und schält das Fruchtfleisch mit den Samen heraus. Dann schlägt man es mit dem Mixer auf, damit sich der Saft besser abtrennen läßt. Danach streicht man die Masse durch ein Sieb und fängt den Saft auf. Am meisten Aroma besitzt der Saft der kleinen, schrumpeligen Purpurgrenadille.

Linke Seite: Die Süße Grenadille besitzt eine harte, glatte Schale und gräuliches Fruchtfleisch. Sie ist weniger aromatisch als ihre kleineren Verwandten und spielt daher bei der Saftgewinnung keine so große Rolle. Das Fruchtfleisch wird ausgelöffelt.

Maracuja-Eisbecher

Saft von 10 Passionsfrüchten
2 Eßlöffel Zucker
1 Teelöffel Zitronensaft
200 ml Sahne
1 Päckchen Vanillinzucker
1 Packung Walnußeis
gehackte Walnüsse zum Verzieren

Den Maracuja-Saft mit dem Zucker und dem Zitronensaft mischen und kalt stellen. Die Sahne mit dem Vanillinzukker steif schlagen. Vier hohe Eisbecher mit je drei Kugeln Walnußeis füllen. Die Maracuja-Sauce darübergießen und mit einer Sahnehaube verzieren. Mit gehackten Walnüssen bestreuen.

Maracuja-Mayonnaise

Saft von 4 Passionsfrüchten
1 Eigelb
125 ml Öl
2 Eßlöffel Zitronensaft
1 Becher Sahnejoghurt
Salz
frisch gemahlener weißer Pfeffer
Cayennepfeffer

Das Eigelb mit Salz, Pfeffer und Zitronensaft verrühren. Öl unter ständigem Rühren zunächst tropfenweise, dann in einem dünnen Strahl dazugeben. Die Mayonnaise mit dem Joghurt und dem Maracuja-Saft verrühren. Mit Salz, Pfeffer und Cayennepfeffer abschmekken.

Diese Mayonnaise eignet sich besonders zur Bereitung von Geflügel- oder Eiersalat.

Maracuja-Paste

6 Passionsfrüchte
2 Eßlöffel Butter
150 g Zucker
2 Eier

Die Butter mit dem Zucker in einer Pfanne bei milder Hitze langsam schmelzen. Das Fruchtfleisch der Passionsfrüchte mit einem Mixer aufschlagen und den Saft durch ein Sieb streichen. Die Eier schaumig rühren und mit dem Saft vermischen. Zu der Butter und dem Zucker geben und unter Rühren so lange erhitzen, bis die Masse die Konsistenz von Honig annimmt. In kleine Gläser abfüllen und dicht verschließen. Wird als Brotaufstrich oder zur Verfeinerung von Desserts und Süßspeisen verwendet.

Weiteres Rezept:
Exotisches Quarkdessert, Seite 37

Melonen, Zuckermelonen
Cucumis melo

Herkunft: Die Herkunft der Melonen ist nicht eindeutig geklärt. Vermutlich stammt die Wildform aus dem tropischen Afrika. Heute werden die verschiedenen Sorten in fast allen tropischen und subtropischen Ländern bis hin zu den warmen Regionen der gemäßigten Zonen angebaut.
Wissenswertes: Zu der Gruppe der Melonen gehört eine fast unübersichtliche Vielfalt von Früchten mit verschiedenen Formen und Färbungen. Sie alle zählen zu den Kürbisgewächsen und werden von einjährigen, am Boden rankenden Pflanzen hervorgebracht. Die Früchte können rund, elliptisch oder birnenförmig sein.

Oben: Das aprikosenfarbene Fruchtfleisch der Charentais-Melone besitzt ein besonders feines Aroma. Daher gilt diese Frucht als die beste Melonen-Sorte.

Unten: Die Galeamelone gehört zur Gruppe der Netzmelonen, die sich durch ein deutliches Netzmuster auf der rauhen Schale auszeichnen. Das weißlichgrüne Fruchtfleisch schmeckt süß und aromatisch.

Die Schale ist glatt, rauh, runzelig oder mit dornenähnlichen Auswüchsen besetzt. Die Früchte sind einfarbig grün oder gelb gefärbt, oder sie sind gemustert. Das saftige Fruchtfleisch ist gelblich, grün oder rot gefärbt und enthält zahlreiche helle oder schwarze Samen.
Lagerung und Haltbarkeit: Ganze Früchte mit einer festen, unversehrten Schale sind bei kühler Lagerung einige Wochen haltbar. Sobald die Schale beginnt, weich zu werden, müssen sie sofort verzehrt werden. Es ist eine Unsitte, die Reife einer Melone durch Druck in der Stielgegend zu prüfen! Wenn mehrere Personen gedrückt haben, ist sie auf jeden Fall weich und beginnt zu faulen. Die Reife ist besser am Geruch erkennbar.

Hinter dem Begriff Zuckermelone verbirgt sich eine große Vielfalt an verschiedenen Melonen-Sorten. Farbe und Form der Früchte können recht unterschiedlich sein. Es gibt Sorten mit glatter und Sorten mit rauher Schale. Allen gemeinsam ist, daß sich die Kerne in einer Höhlung in der Mitte der Frucht befinden und daher leicht zu entfernen sind.

Honigmelone
Die gelbschalige, ovale Honigmelone war die erste Zuckermelonen-Art, die bei uns in den Handel kam. Auch heute noch wird sie am häufigsten angeboten. Das Fruchtfleisch ist gelblichgrün und besitzt ein leichtes, nicht sehr intensives Honigaroma.

Ananasmelone
Ähnlich wie die Honigmelone ist die Ananasmelone, die ihren Namen wegen des typischen Duftes erhalten hat. Beide Sorten haben eine glatte Schale, die leicht gerippt ist.

Netzmelone
Die ovale Netzmelone besitzt eine rauhe, grünlichgraue Schale mit einem hellbraunen oder weißlichen Netzmuster. Das Fruchtfleisch ist lachsfarben.

Galeamelone
Auch die Galeamelone gehört zu den Netzmelonen. Ihre gelbbraune Schale ist netzartig strukturiert. Das Fruchtfleisch ist weißlichgrün und schmeckt süß und aromatisch.

Kantalupmelone
Diese Melone hat eine kugelige Form. Die Schale ist längs gerillt und gelegentlich mit Warzen bedeckt. Daher wird sie auch Warzenmelone genannt. Sie soll in Europa erstmalig im italienischen Schloß Kantalupo angebaut und danach benannt worden sein. Die Früchte werden etwa 1 kg schwer. Das Fruchtfleisch ist sehr empfindlich und verdirbt schnell.

Charentais-Melone
Zu den Kantalupmelonen gehört auch die Charentais-Melone, deren aprikosenfarbenes Fruchtfleisch ein besonders feines Aroma besitzt. Die Charentais-Melone gilt als die beste Melonen-Sorte. Die hellgrüne, glatte Schale ist mit dunkelgrünen Längsstreifen besetzt. Die Früchte wiegen 1–2 kg.

Ogenmelone
Diese Sorte ist eine Kreuzung aus Netzmelone und Kantalupmelone und stammt aus Israel. Die gelbe Schale besitzt längs verlaufende, grüne Streifen. Das Fruchtfleisch ist hellgrün, sehr saftig und schmeckt leicht säuerlich und ist daher ein guter Durstlöscher. Diese Melone ist mit etwa 500 g Gewicht der kleinste Vertreter.

Verarbeitung: Die Schale von Melonen ist nicht zum Verzehr geeignet. Nur das Fruchtfleisch wird verwertet. Melonen sind häufig eine beliebte Beigabe zu kalten Buffets. Hierzu werden die Früchte in Spalten geschnitten und mit Weinbrand oder Zitronensaft beträufelt und auf Käse- oder Fleischplatten angerichtet. Will man einen Obstsalat mit Melonen anrichten, empfiehlt es sich, mit einem kleinen Löffel oder besser noch mit speziellen Kugelformern kleinen Kugeln aus den halbierten Früchten zu stechen.

Die kleine Ogenmelonen werden nur halbiert, von den Kernen befreit und dann ausgelöffelt. Mit etwas Sherry in der Kernmulde sind sie eine ausgezeichnete Vorspeise, mit Portwein oder Marsala ein frisches Dessert.

Weiteres Rezept:
Pepinosalat mit Minze, Seite 100

Charentais-Melone mit Rauchfleisch

- 1 Charentais-Melone
- 100 g Rauchfleisch, hauchdünn geschnitten
- Remoulade zum Garnieren

Die Melone halbieren und die Kerne herausschaben. Die Melonenhälften in Spalten schneiden und mit einem scharfen Messer die Fruchtfleischspalten von der Schale lösen. Die Spalten mit je einer Scheibe Rauchfleisch umwickeln und mit einem Tupfer Remoulade garnieren. Auf einer Platte anrichten und gut gekühlt servieren.

Man kann auch andere Arten von Zuckermelonen verwenden, deren Fruchtfleisch allerdings nicht ganz so aromatisch ist.

Nashi
Pyrus pyrifolia

Herkunft: Die Nashi stammt aus Ostasien und wird auch in Taiwan, Neuseeland, Australien und Chile angebaut. In letzter Zeit ist sie immer häufiger auf unseren Obsttheken anzutreffen und erfreut sich zunehmender Beliebtheit.

Wissenswertes: Die Nashi, die auch Chinesische Birne oder Apfelbirne genannt wird, ist eng mit unseren einheimischen Birnen verwandt. Das Fruchtfleisch ist sehr hell, etwas durchscheinend, sehr knackig und saftig. Im Kerngehäuse befinden sich wie bei unseren Birnen mehrere Samen.

Die Frucht führt den Namen Apfelbirne zu Recht. Das Fruchtfleisch vereinigt das Birnenaroma mit der Säure und der knackigen Konsistenz eines Apfels.

Lagerung und Haltbarkeit: Bei kühler Lagerung können Nashis ein bis zwei Wochen aufgehoben werden. Sie sind auch nicht so druckempfindlich wie Äpfel oder Birnen. Auch wenn die Früchte bereits vollreif sind, behalten sie ihre feste Schale und das feste Fruchtfleisch. Selbst wenn sich das Fruchtfleisch stellenweise schon leicht bräunlich verfärbt hat, bleibt es dennoch fest und schmackhaft.

Verarbeitung: Die Früchte werden am besten roh verzehrt. Die Schale kann zwar mitgegessen werden, die Früchte schmecken aber besser, wenn sie vorher geschält werden. Das Kerngehäuse muß wie bei Apfel oder Birne entfernt werden.

Sorten: Man unterscheidet zwei Sorten von Nashis: die eine besitzt apfelförmige, die andere birnenförmige Früchte. Häufiger sind bei uns al

Die Nashi wird auch Chinesische Birne oder Apfelbirne genannt. Sie zeichnet sich durch ein knackiges, saftiges Fruchtfleisch aus und wird am besten roh verzehrt.

dings die kugeligen, apfelförmigen Früchte, die die Größe eines sehr großen Apfels erreichen können. Die Schale ist gelblich mit winzigen braunen Punkten oder einheitlich bräunlich gefärbt. Die birnenförmigen Nashis können auch eine grüne Schale besitzen.

Geflügelsalat mit Nashi

400 g mageres, gegartes Hühner- oder Putenfleisch
2 Nashis
1 grüne Paprikaschote
50 g Kokosnußfleisch
50 g Pinienkerne
100 g Salatmayonnaise
[illegible] Eßlöffel Creme fraîche
1 Teelöffel Curry
Salz

Das Fleisch in kleine Stücke zerpflükken. Die Nashis schälen und in kleine Stücke schneiden. Die Paprika waschen, entkernen und ebenfalls in kleine Stücke schneiden. Das Kokosnußfleisch fein raspeln. Alles vermischen und in eine Salatschüssel geben. Die Mayonnaise mit der Creme fraîche und dem Curry verrühren und mit Salz abschmecken. Vorsichtig unter den Salat rühren. Mit Pinienkernen bestreut servieren.

Weiteres Rezept:
Schlankmacher-Frühstück, Seite 91

Okra sind grüne, kantige Kapselfrüchte, die unreif geerntet und verwertet werden. Die Schale ist leicht flaumig behaart. Die zahlreichen weichen Samen im Innern der Frucht werden mitgegessen.

Okra
Abelmoschus esculentus

Herkunft: Die Okra stammt ursprünglich aus den tropischen Gebieten Asiens. Heute wird sie auch in Afrika, Amerika und auf dem Balkan angebaut. Häufig erhält man Okra bei uns in türkischen Lebensmittelgeschäften.
Wissenswertes: Die Okra wird auch Gombo, Eibisch oder Ladyfinger genannt. Die Pflanze ist einjährig und gehört zu den Malvengewächsen. Die Früchte sind etwa fingerlange, fünfkantige grüne Kapseln und leicht flaumig behaart. Im Innern befinden sich viele kleine, weiche Samen, die mitgegessen werden. Okra werden unreif geerntet und verarbeitet. Sie sind fast das ganze Jahr bei uns zu bekommen. Okra sind ein kalorienarmes Gemüse, das im Geschmack etwas an Bohnen erinnert. Sie enthalten die Vitamine A und C und wertvolle Mineralstoffe. Okra werden gekocht.
Worauf man achten sollte: Beim Einkauf sollte man darauf achten, daß die Kapselfrüchte eine frische grüne Farbe und keine schwarzen Flecken besitzen. Je frischer sie zubereitet werden, desto besser.
Lagerung und Haltbarkeit: Man sollte Okra nicht länger als drei Tage im Kühlschrank aufbewahren.
Verarbeitung: Vor der Zubereitung wird das Gemüse gewaschen und mit Küchenkrepp abgetrocknet. Die Stielansätze und die äußeren Spitzen werden abgeschnitten, wobei man darauf achten muß, daß die Wand der Frucht

Beim Kochen sondern die Okra eine schleimige Substanz ab. Die Kapselfrüchte werden im ganzen gegart und erst danach, falls erwünscht, für die weitere Verwendung kleingeschnitten.

nicht verletzt wird. Dann werden die Okra in Salzwasser gegart. Sollen die Okra in verschiedenen Gerichten kleingeschnitten werden, zerschneidet man sie erst nach dem Garen. Man sollte Okra nur in Emaille- oder Edelstahltöpfen zubereiten, da sich Kupfer- oder Messingtöpfe verfärben können.

Eine besondere Eigenschaft der Okra ist das Absondern einer schleimigen Substanz beim Kochen. Wer dies als störend empfindet, kann die Schleimproduktion vermindern, indem er das erste Kochwasser wegschüttet und die Okra mit frischem Wasser zu Ende gart. Verwendet man die Okra als Beigabe zu Suppen, Eintöpfen oder Saucen, kann diese Schleimproduktion allerdings erwünscht sein, weil dadurch den Gerichten eine natürliche Sämigkeit verliehen wird. Die Schleimproduktion macht die Okra außerdem zu einem idealen Gemüse für Magenkranke.

Okra als Gemüsebeilage

Die Okra werden in Salzwasser, dem man einen Schuß Essig zusetzt, so gegart, daß sie noch Biß haben. Das abgetropfte Gemüse wird in Butter geschwenkt und nach Geschmack mit Salz, Knoblauch, Curry oder Kräutern gewürzt.

Okra passen wie Bohnen besonders gut zu Hammel- oder Lammgerichten, können aber natürlich auch zu allen anderen Fleischsorten gereicht werden.

Okra in Eintöpfen

Beim Zubereiten von Eintöpfen werden die Okra von Anfang an mit den anderen Zutaten mitgegart, um durch die Schleimproduktion ein natürliches Eindicken zu ermöglichen. Okra lassen sich beliebig mit unseren einheimischen Gemüsesorten kombinieren.

Okra in Suppen oder Saucen

Werden Okra als Einlage in Suppen oder Saucen verwendet, sollten sie vorher gegart werden. Das Gemüse sollte noch bißfest sein. Die abgetropften Schoten werden dann in 1 cm lange Stücke geschnitten und unter die schon fertig zubereiteten Suppen oder Saucen gemischt.

Sie passen besonders gut zu mit Sahne verfeinerten kräftigen Suppen und zu Tomatensauce.

Okra-Salat

Die Okra werden in Salzwasser so gegart, daß sie noch Biß haben. In einem Sieb läßt man sie abtropfen und abkühlen. Dann werden sie mit einer Marinade aus Essig, Öl, Salz, Pfeffer, Senf, Zucker, gehackten Zwiebeln und Knoblauch angerichtet. Sie lassen sich gut mit Tomaten, Paprika oder Mais kombinieren.

Okra-Curry

500 g Okra
500 g Rinderhackfleisch
1 große Dose Tomaten
1 Eßlöffel Öl
1 Zwiebel
5 Teelöffel Curry
Salz und Pfeffer

Die kleingehackte Zwiebel in Öl bei mittlerer Hitze weich dünsten. Curry darüberstäuben und unter Rühren 2–3 Minuten weiterdünsten. Hackfleisch dazugeben und unter Rühren garen, bis es beginnt, krümelig zu werden. Die Tomaten mit dem Saft zugeben und mit einer Gabel zerdrücken. Die Okra waschen, Stielansätze und Spitzen entfernen und unter die Masse geben. Bei starker Hitze einmal aufkochen lassen. Dann bei gedrosselter Wärmezufuhr 30 Minuten köcheln lassen. Mit Salz und Pfeffer abschmecken. Paßt gut zu Reis.

Gemüsepfanne mit Okra

250 g Okra
3 große Tomaten
1 rote oder gelbe Paprikaschote
1 kleine Dose Mais
1 kleine Dose Wachsbohnen
2 große Zwiebeln
1 Eßlöffel Öl
1 halber Teelöffel Thymian
1 halber Teelöffel Oregano
1 halber Teelöffel Paprika, scharf
1 halber Teelöffel Salz
1 Messerspitze Cayenne-Pfeffer

Die Okra etwa 5 Minuten in kochendem Wasser garen. Abtropfen lassen und in 1 cm dicke Stücke schneiden. Das Öl in einer großen Pfanne erhitzen und die Okra, die kleingehackten Zwiebeln, den Mais, die Wachsbohnen und die kleingeschnittene Paprika-Schote etwa 5 Minuten dünsten. Die in Würfel

Die Papaya oder Baummelone besitzt ein orangefarbenes Fruchtfleisch. Die Samen sind in einer Höhlung im Innern der Frucht in eine schleimige Substanz eingebettet und werden vor dem Verzehr entfernt.

geschnittenen Tomaten und die Gewürze unterrühren und das ganze nochmals 3 Minuten köcheln lassen, dabei mehrmals umrühren.

Kann als Hauptgericht mit Reis oder Kartoffeln oder als Beilage verwendet werden.

Papaya
Carica papaya

Herkunft: Ursprünglich stammt die Papaya aus Mittelamerika und wurde dort schon vor vielen Jahrhunderten kultiviert. Heute wird sie in allen tropischen und vielen subtropischen Ländern angebaut. Haupterzeugerländer sind Malaysien, Australien, Hawaii, Florida und Mittelamerika. Bei uns ist die Papaya häufig auf den Obsttheken zu entdecken.

Wissenswertes: Die Papaya wird auch Baummelone genannt, ist aber mit den echten Melonen nicht verwandt. Die Früchte sind oval bis birnenförmig und werden 10–25 cm lang. Die Schale ist grün und verfärbt sich mit zunehmender Reife gelb bis orange-rot. Sie wird nicht mitgegessen. Das Fruchtfleisch ist gelb, orange oder rosa gefärbt. In der Mitte der Frucht befindet sich eine kleine Höhle, in der Hunderte schwarzer, kugeliger Samen in einer geleeartigen Substanz eingebettet sind.

Papayas enthalten viel Vitamin A und C, sind aber sehr säurearm. Außerdem enthalten sie das eiweißspaltende

Enzym Papain, das verdauungsfördernd wirkt. In den Erzeugerländern wird aus den Früchten ein papainhaltiges Pulver gewonnen, das als Fleischzartmacher und als Medikament bei Erkrankungen der Verdauungsorgane verwendet wird. Das Fruchtfleisch, als Maske direkt auf die Haut aufgetragen, hilft gegen Falten und unreine Haut.

Lagerung und Haltbarkeit: Grüne Papayas reifen innerhalb weniger Tage bei Zimmertemperatur nach. Sie sollten nicht dem Sonnenlicht ausgesetzt werden. Sie sind reif, wenn die Schale fast gelb ist und sich die Früchte etwas weich anfühlen. In diesem Zustand kann man sie noch bis zu einer Woche im Kühlschrank aufbewahren. Das Fruchtfleisch kann auch eingefroren werden.

Verarbeitung: Nur das Fruchtfleisch wird verwertet. Die Frucht wird halbiert, die Samen werden mit einem Löffel entfernt und die Frucht wird geschält. Das zarte Aroma kommt am besten zur Geltung, wenn die Papayas mit Limettensaft beträufelt werden.

Sorten: Auf unserem Markt sind nur die kleineren, wie oben beschriebenen Früchte von Bedeutung, da sie für den langen Transport geeignet sind. In den Erzeugerländern gibt es zahlreiche Sorten, die zum Teil wesentlich größere Früchte hervorbringen und meist noch aromatischer sind.

Schlankmacher-Frühstück

1 Papaya
1 Nashi
1 feste Sharon
2 Kiwis
Saft einer Zitrone

Die Papaya halbieren und die Samen mit einem Löffel entfernen. Das Fruchtfleisch herauslösen und in kleine Würfel schneiden. Die Nashi schälen, das Kerngehäuse entfernen und in kleine Stücke schneiden. Die Sharon waschen, erst in dünne Scheiben und dann in kleine Stücke schneiden. Die Kiwis schälen, in Scheiben schneiden und die Scheiben vierteln. Alle Fruchtstücke miteinander vermischen und mit Zitronensaft beträufeln. In die ausgehöhlte Papayahälften füllen und zum Frühstück servieren. Die Früchte ergänzen sich in ihren Geschmacksrichtungen so gut, daß man keine weiteren Zutaten und vor allem keinen zusätzlichen Zukker benötigt.

Papaya-Creme

1 reife Papaya
1 Grapefruit
2 cl Pfefferminzlikör
250 g Vanilleeis
Sahne zum Garnieren

Die Papaya halbieren, entkernen und das Fruchtfleisch mit einem Löffel herauslösen. Die Grapefruit entsaften. Das Papaya-Fruchtfleisch mit dem Grapefruit-Saft, dem Vanilleeis und dem Pfefferminzlikör im Mixer pürieren. In Dessertschalen füllen und kalt stellen. Die Creme mit steif geschlagener Sahne und Pfefferminzblättern verzieren.

Papaya mit Putenbrust

1 Papaya
8 Scheiben geräucherte Putenbrust
Saft von einer Limette
Frischeimayonnaise, 80 %

Die Papaya halbieren und die Kerne mit einem Löffel entfernen. Die beiden Hälften vorsichtig schälen. Jede Papayahälfte in vier gleich große Spalten schneiden. Mit Limettensaft beträufeln. Jede Spalte mit einer Scheibe Putenbrust umwickeln. Auf einer Platte anrichten und mit Mayonnaise garnieren.

Papaya-Pflaumen-Chutney

2 große Papayas
1 kg rote Eierpflaumen
100 g Rosinen
250 ml Apfelessig
250 g Zucker
2 Knoblauchzehen
3 Teelöffel gemahlener Ingwer
1 Zimtstange
1 halber Teelöffel Salz
1 Messerspitze Cayenne-Pfeffer

Die Papayas halbieren und die Kerne mit dem sie umgebenden weichen Fruchtfleisch entfernen. Das Fruchtfleisch mit einem Löffel von der Schale lösen und in kleine Stücke schneiden. Die Eierpflaumen waschen, abtrocknen, entsteinen und vierteln. Die Knoblauchzehen schälen und durch die Knoblauchpresse drücken. Die vorbereiteten Früchte mit den anderen Zutaten vermischen, aufkochen und etwa eine halbe Stunde köcheln lassen, bis die Masse eingedickt ist. Die Zimtstange herausnehmen und das Chutney in vorbereitete Gläser füllen und sofort verschließen.

Weiteres Rezept:
Ambrosia-Salat, Seite 55

Paprika
Capsicum mit mehreren Arten

Herkunft: Die Paprika stammt ursprünglich aus Mittel- und Südamerika. Heute wird sie in allen warmen Klimaten kultiviert. Sogar bei uns gelingt es in geschützten Lagen oder in Gewächshäusern, Paprika anzubauen.
Wissenswertes: Die Paprika gehört zu den Nachtschattengewächsen. Die verschiedenen Arten und Sorten variieren sehr stark in Form und Farbe. Allen gemeinsam sind die glatte Schale und die zahlreichen kleinen, weichen Samen im Innern der Frucht, die an längs verlaufenden Leisten hängen. Die Früchte können schlank walzenförmig, lampionförmig oder rundlich bis blasig aufgetrieben sein. Zur Spitze hin verjüngen sich die Früchte. Sie können grün oder gelb, orange, rot bis dunkelviolett sein. Die Fruchtwand ist je nach Art unterschiedlich dick und besteht aus knackigem, saftigem Fruchtfleisch.

Eine Art Stammform der Paprika ist die Beißbeere *(Capsicum annuum)*, eine einjährige krautige Pflanze, die auch Spanischer Pfeffer oder Cayenne-Pfeffer genannt wird. Aus ihr hat man zahlreiche Varietäten herausgezüchtet. Bereits um 2000 v. Chr. wurden Paprika in Peru kultiviert. Mit den Spaniern gelangte die Pflanze nach Europa, wo man schon im 16. Jh. mit dem Anbau begann.

Oben: Paprika gibt es in einer großen Formen- und Farbenvielfalt. Die Farbe reicht von Grün über Gelb, Orange und Rot bis Dunkelviolett. Die Früchte können länglich schlank bis blasig aufgetrieben sein.
Unten: Exotisches Gemüse

Verschiedene Sorten von Gewürzpaprika. In getrocknetem Zustand sind sie sehr lange haltbar.

Man unterscheidet die milden Gemüsepaprika von den scharfen Gewürzpaprika. Die Fruchtwand der Gewürzpaprika ist meistens wesentlich dünner als die der Gemüsepaprika. Insgesamt gibt es 35 Paprika-Arten.

Paprika enthalten viel Vitamin C und A und verschiedene Farbstoffe. Den scharfen Geschmack erhalten die Früchte durch einen bestimmten Stoff, der Capsaicin genannt wird. Er ist vor allem in den Samen und in den Leisten, an denen sie sitzen, enthalten. In den milden Gemüsepaprika fehlt diese Substanz weitgehend. Paprika können frisch, gekocht, eingelegt oder getrocknet verwertet werden.

Worauf man achten sollte: Man sollte nur Früchte kaufen, deren Haut prall und glänzend ist. Aufgeplatzte oder schrumpelige Früchte sind weich und bald verdorben.

Lagerung und Haltbarkeit: Besonders die Gemüsepaprika sind nicht lange haltbar und sollten am besten frisch verwertet werden. Man kann sie einige Tage im Kühlschrank aufbewahren. Gewürzpaprika bleiben in einem dicht schließenden Gefäß im Kühlschrank wochenlang haltbar.

Sorten: Am bekanntesten sind die glokkenförmigen Gemüsepaprika, die bei uns vorwiegend als grüne, gelbe und rote Früchte angeboten werden. Der Geschmack der gelben und roten Formen ist süßlicher und fruchtiger als der der grünen Paprika. Seltener angeboten werden orangefarbene und tiefviolette Varianten. Letztere sind innen grün gefärbt. Die Gemüsepaprika eignen sich zum rohen Verzehr und zur Verwendung in Salat, sowie gegart als Gemüsebeilage und im ganzen geschmort und mit einer Hackfleischmasse gefüllt.

Seitdem es bei uns zahlreiche südländische Lebensmittelgeschäfte gibt, findet man auch regelmäßig die länglichen, schmalen Paprika-Sorten im Angebot. Sie werden als grüne, weißlichgelbe, gelbe und rote Formen angeboten. Sie sind etwas würziger, aber dafür weniger saftig als die dicken Gemüsepaprika und können als Pizzabelag oder als Gemüse zubereitet werden.

Den schärfsten Geschmack haben die kleinen, oft nur fingerdicken grünen oder roten Peperoni oder Chili-Schoten. Die dunkelgrüne Variante ist unter dem Namen Jalapino bekannt. Wegen ihrer Schärfe sind sie zum puren Verzehr nur für Hartgesottene geeignet. Sie kommen häufig eingelegt oder getrocknet in den Handel. Sie werden oft nur im ganzen mitgekocht, um dem Gericht eine gewisse Schärfe zu verleihen, und hinterher wieder entfernt. Verwendet man die Peperoni kleingeschnitten, kann man die Schärfe etwas mildern, indem man die Kerne entfernt.

Verarbeitung: Die Früchte werden gewaschen und der Stielansatz entfernt. Gemüsepaprika schneidet man, je nach weiterer Verwendung, längs oder quer auf und entfernt die Samen und die Leisten, an denen sie sitzen. Die dünnen Gewürzpaprika werden im ganzen verwertet. Man kann aus ihnen auch die Kerne entfernen, um die Schärfe zu mildern.

Riesengarnelen in Chili-Sauce

250 g Riesengarnelen ohne Schale
100 ml Walnußöl
100 ml kalt gepreßtes Olivenöl
3 Knoblauchzehen
3 getrocknete oder frische Chili-Schoten
frische Petersilie

Das Öl in eine flache feuerfeste Schale füllen. Die Knoblauchzehen und die Petersilie fein hacken und dazugeben. Die Chili-Schoten zerbröseln oder kleinschneiden und auch hinzufügen. Dann die Riesengarnelen nebeneinander in die Schale legen und mit einem Deckel verschließen. Im vorgeheizten Backofen bei 220 °C etwa 30 Minuten garen. Die Garnelen müssen sich am Ende der Garzeit eingerollt haben. Sofort in der heißen Schüssel servieren. Dazu reicht man frisches Baguette, mit dem die Sauce aufgetunkt wird.

Das Gericht eignet sich als Vorspeise oder auch als Hauptmahlzeit. Dazu paßt am besten ein gut gekühlter, trokkener Weißwein.

Verschiedene Paprika-Sorten sind die Grundlage für die Zubereitung der Scharfen Mexiko-Sauce. Der scharfe Geschmack kann etwas gemildert werden, wenn die Samen nicht mit verwertet werden.

Scharfe Mexiko-Sauce

Je 2 gelbe, rote und grüne Gemüsepaprika
3 Jalapinos (frisch oder aus dem Glas)
2 große Karotten
2 große Zwiebeln
2 Knoblauchzehen
1 große Dose geschälte Tomaten
1 halbe Tube Tomatenmark
Saft von einer Zitrone
Essig, Salz, Pfeffer, Oregano, Cayenne-Pfeffer, Rosenpaprika

Die Paprikaschoten werden gewaschen, von den Stielansätzen befreit und in Stücke geschnitten. Die Jalapinos werden von den Stielansätzen befreit, längs halbiert, und die Kerne werden entfernt. Anschließend schneidet man sie in sehr kleine Stücke. Die Karotten schaben und in dünne Scheiben schneiden. Zwiebeln und Knoblauchzehen schälen und fein hacken. Alle Zutaten in einen großen Topf geben. Die geschälten Tomaten, das Tomatenmark und den Zitronensaft hinzufügen. Die Mischung unter Rühren aufkochen und bei kleiner Hitze 1 Stunde köcheln lassen, zwischendurch umrühren. Sobald die Zutaten weich geworden sind, mit dem Pürierstab nicht zu fein pürieren und nochmals aufkochen. Dicht schließende Gläser gründlich säubern und heiß ausspülen. Gegen Ende der Garzeit die Mischung mit den Gewürzen abschmecken. Heiß in die vorbereiteten

Gläser füllen und sofort verschließen. Im Kühlschrank hält sich die Sauce dann einige Monate. Sie schmeckt gut zu Fleischgerichten. Besonders geeignet ist sie auch als Dip für Kartoffelchips.

Scharfe Spaghetti

250 g Spaghetti
1 große Zwiebel
1 Knoblauchzehe
2 frische Peperoni
2 Eier
125 ml Sahne
2 Eßlöffel Olivenöl
Parmesankäse

Die Spaghetti in reichlich Salzwasser »al dente« kochen. In der Zwischenzeit das Olivenöl in einer Pfanne erhitzen. Die Zwiebel und den Knoblauch schälen und fein hacken und in dem Öl schmoren. Die Peperoni halbieren, die Kerne entfernen und die Schoten fein hacken. Zusammen mit den abgetropften Spaghetti in die Pfanne geben und das Ganze gut vermischen. Die Eier mit der Sahne verquirlen und mit Salz würzen. Über die Spaghetti geben und vorsichtig umrühren, bis die Masse zu stocken beginnt. Sofort mit reichlich Parmesankäse bestreut servieren.

<u>Weitere Rezepte:</u>
Hühnerbrust mit Dattelsauce, Seite 25
Litschi-Avocado-Salat, Seite 69
Mango-Chutney, Seite 74
Geflügelsalat mit Nashi, Seite 86
Gemüsepfanne mit Okra, Seite 89
Buntes Squash-Gemüse, Seite 115

Pekannuß
Carya illinoensis

Herkunft: Die Heimat der Pekannuß liegt im Mississippi-Gebiet der USA. Pekannüsse waren früher ein wichtiges Nahrungsmittel für die Indianer und versorgten sie besonders im Winter mit wichtigen Nährstoffen. Heute werden Pekannüsse außer in den USA in Australien und Südafrika angebaut. Noch vor wenigen Jahren waren Pekannüsse bei uns kaum zu erhalten. Mittlerweile werden sie aber immer häufiger angeboten.
Wissenswertes: Die Pekannuß gehört wie die bekannte Walnuß zur Familie der Walnußgewächse. Die Früchte sind trotz ihres Namens keine echten Nüsse, sondern wie Kokosnüsse Steinfrüchte. Das, was als Pekannuß bezeichnet wird, ist der Same von etwa 5 cm langen, behaarten Steinfrüchten. Der Same ist länglich-oval und besitzt eine mittelbraune, im Gegensatz zu den Walnüssen glatte Schale. Das Innere des Samens ist ähnlich geformt wie bei der Walnuß, nur schlanker. Der weißliche Kern ist auch von einer dünnen, aber dunklen braunen Haut umgeben.
Lagerung und Haltbarkeit: Bei trockener Lagerung sind die Nüsse monatelang haltbar.
Verarbeitung: Die Schalen der Pekannüsse werden mit einem Nußknacker geöffnet und das Innere wird mit einem Messerchen oder mit den Fingern herausgelöst.

Der Geschmack von Pekannüssen ist süßer und intensiver als der von Walnüssen. In den USA ist Pekannuß-Eis sehr populär. Außerdem eignen sich Pekannüsse besonders gut zur Verwendung in Backwaren und Süßspeisen.

Die Pekannuß gehört zu den Walnußgewächsen. Im Gegensatz zu der Walnuß besitzt sie allerdings eine glatte Schale. Der Geschmack ist süßer und intensiver.

Pekannuß-Plätzchen

150 g Butter oder Margarine
60 g Zucker
1 Ei
1 Prise gemahlene Nelken
1 halber Teelöffel gemahlene Muskatnuß
1 Prise Salz
150 g gemahlene Pekannüsse
100 g Mehl
100 g Speisestärke
1 Päckchen weiße oder Vollmilch-Kuvertüre
Pekannußhälften zum Verzieren

Butter, Zucker und Ei schaumig rühren. Nach und nach die Gewürze hinzufügen. Pekannüsse, Mehl und Speisestärke hineinrühren. Den Teig zugedeckt 60 Minuten in den Kühlschrank stellen. Anschließend den Teig mit einem Teelöffel abstechen und kleine Kugeln mit einem Durchmesser von etwa 3 cm formen und im Abstand von 3 cm auf ein ungefettetes Backblech setzen. Im vorgeheizten Ofen auf der mittleren Schiene bei 180 °C etwa 30 Minuten backen. Die Plätzchen abkühlen lassen und mit der geschmolzenen Kuvertüre bestreichen und mit je einer Pekannußhälfte verzieren.

Pekannußeis
läßt sich nach dem gleichen Rezept wie das Pistazieneis (Seite 104) herstellen.

Das Fruchtfleisch der Pepino ist reich an Vitamin C. Mit Zitronensaft beträufelt und Zucker bestreut ist diese Frucht eine erfrischende Mahlzeit. Die Schale wird nicht mitgegessen.

Pepino
Solanum muricatum

Herkunft: Die Pepino stammt aus Südamerika und wird dort bis in Höhenlagen von 3000 Metern angebaut. Pepinos werden auch in Neuseeland und auf den Kanarischen Inseln kultiviert. Einige Gärtner versuchen auch schon, die Pflanzen bei uns im Gewächshaus zu ziehen.
Wissenswertes: Die Pepino wird zwar auch Birnenmelone genannt, gehört aber nicht wie Melonen zu den Kürbisgewächsen, sondern zu den Nachtschattengewächsen. Die Früchte sind oval-eiförmig und können bis zu 200 g schwer werden. Die glatte, feste Schale ist gelb bis orange gefärbt und besitzt mehr oder weniger ausgeprägte, lilafarbene, unregelmäßige Längsstreifen. Das gelbliche Fruchtfleisch ist sehr saftig. In einer Höhlung im Innern der Frucht befinden sich viele kleine Samen, die leicht entfernt werden können.

Das Fruchtfleisch ist reich an Vitamin C und enthält nur 5–8 % Zucker. An der Luft behält es seine helle Farbe. Daher sind Pepinos besonders für Buffets geeignet, wenn sie mit Preiselbeeren oder Obstsalat garniert als Dekoration verwendet werden.
Lagerung und Haltbarkeit: Pepinos sind recht gut haltbar, wenn ihre Schale unversehrt ist. Sie können bei kühler Lagerung einige Wochen aufbewahrt werden. Unreif geerntete Früchte reifen bei Zimmertemperatur nach.
Verarbeitung: Die Schale ist nicht zum Verzehr geeignet. Man halbiert die Frucht und schabt die Kerne mit einem Löffel heraus. Mit etwas Zitronensaft beträufelt und mit Zucker bestreut, ist die Pepino eine erfrischende Mahlzeit. Das Fruchtfleisch wird einfach ausgelöffelt. Man kann die Früchte aber auch als Kompott oder süßsauer einkochen. Hierfür werden die Pepinos entkernt und geschält, und das Fruchtfleisch wird in Stücke geschnitten. Hierbei behält das Fruchtfleisch sowohl seine Farbe als auch seine Festigkeit.

Pepinosalat mit Minze

2 Pepinos
1 halbe Kantalupmelone
1 Teelöffel feingehackte frische Minze
3 Teelöffel Zucker
4 Eßlöffel Wasser
1 Eßlöffel Zitronensaft
1 Teelöffel Orangensaft

Die Minze in eine Schüssel geben. Das Wasser mit dem Zucker erhitzen und unter Rühren 2 Minuten kochen. Sofort über die Minze geben, abdecken und 1 Stunde lang kühl stellen. Danach den Sirup durch ein Sieb gießen und mit Zitronen- und Orangensaft vermischen. Die Pepinos und die Melone schälen und das Fruchtfleisch kleinschneiden. Mit dem Sirup übergießen und vorsichtig vermischen. Gekühlt mit frischen Minzeblättern garniert servieren.

Pinienkern
Pinus pinea

Herkunft: Pinienkerne sind die Samen der Pinie, ein bis zu 30 m hoch werdender Baum, der wie unsere einheimischen Tannen und Kiefern zu den Kieferngewächsen gehört. Der Baum stammt ursprünglich aus Kleinasien. Da er keinen Frost verträgt, wird er nur in

Pinienkerne werden roh oder geröstet verwendet. Wegen ihres hohen Fettgehaltes werden sie schnell ranzig und sollten daher nicht lange gelagert werden.

milden Klimaten angebaut. Heute ist er im Mittelmeerraum weit verbreitet.
Wissenswertes: Pinienkerne sind etwa 2 cm lange, schlanke, weißliche Samen. Sie befinden sich im Innern der hartschaligen, braunen, dreikantigen Piniennüsse. Diese wiederum sitzen in großer Anzahl in einem Pinienzapfen. Solche Zapfen können handtellergroß werden. Sie benötigen von der Blüte drei Jahre bis zur Reife. Die Piniennüsse sind von verholzten Schuppen verdeckt, die bei einem unreifen Zapfen eng anliegen. Erst im vierten Jahr spreizen sich die Schuppen ab und setzen die Piniennüsse frei.
Lagerung und Haltbarkeit: Wegen ihres hohen Fettgehaltes (60 %) werden die Samen schnell ranzig und sollten daher nicht lange aufbewahrt werden.
Verarbeitung: Pinienkerne werden normalerweise roh oder geröstet verzehrt. Sie werden im ganzen oder kleingehackt als Verzierung für Torten und Gebäck verwendet oder pikanten Gerichten, Salaten oder Müsli hinzugefügt.

Hat man einen ganzen Pinienzapfen, muß man zunächst die Nüsse aus dem Zapfen lösen und dann die harte Schale der Piniennüsse aufbrechen, um an die hellen Samen zu gelangen.

Pinienkern-Makronen

125 g Pinienkerne
3 Eiweiß
125 g Zucker
1 Päckchen Vanillinzucker
1 Prise Zimt

Pinienkerne sind die Samen der Pinie. Sie befinden sich im Innern der sogenannten Piniennüsse, die am Pinienzapfen sitzen und von harten Schuppen bedeckt sind.

Die Pinienkerne in dünne Stifte schneiden. Das Eiweiß mit dem Zucker und dem Vanillinzucker sehr steif schlagen. Eine Prise Zimt dazugeben und die Pinienkerne unter die Masse heben. Auf einem mit Backpapier ausgelegten Backblech mit zwei Teelöffeln kleine Häufchen nicht zu dicht nebeneinander setzen. Im Backofen bei 150 °C (Gas Stufe 1–2) in 25–30 Minuten goldgelb backen.

Risotto mit Pinienkernen

200 g Reis
100 g Pinienkerne
250 g Hähnchenfleisch
1 Eßlöffel Curry
1 Eßlöffel Oregano
Salz
Pfeffer
2 Eßlöffel Butter

Den Reis kochen, so daß er noch Biß hat. Die Pinienkerne in einer trockenen Pfanne kurz anrösten. Das Fleisch klein würfeln und kurz anbraten, so daß es gerade gar ist. Die Pinienkerne und das Fleisch mit der Butter und den Gewürzen unter den Reis mischen. Mit Salz und Pfeffer abschmecken. Noch einige Minuten zugedeckt ziehen lassen und dann servieren.

Weiteres Rezept:
Auberginen sizilianisch, Seite 12
Geflügelsalat mit Nashi, Seite 86

Die harten Schalen der Pistazien platzen bei Vollreife auf und lassen sich dann leicht entfernen. Die Früchte werden mit der Außenschale getrocknet und geröstet und kommen so bei uns in den Handel.

Pistazie
Pistacia vera

Herkunft: Pistazien stammen aus Kleinasien. Sie werden in den warmen Klimaten Asiens und im Mittelmeerraum angebaut. Man unterscheidet elf Sorten von Pistazien. Die Hälfte aller Früchte stammt aus der Türkei.
Wissenswertes: Auch wenn die Pistazie an eine Nuß erinnert, gehört sie doch zu den Steinfrüchten. Sie zählt zu der Pflanzengruppe der Sumachgewächse. Die kleine, mandelförmige Frucht ist am Ende leicht gebogen. Die grünlichen Samen sind von einer graubraunen harten Schale umgeben, die bei Vollreife an einer Längsseite aufplatzt. In diesem Zustand kommen die Pistazien bei uns in den Handel. Pistazien sind reich an Fett und Proteinen. Sie werden mit der Außenschale getrocknet oder geröstet.
Worauf man achten sollte: Pistazien sind in zwei Farbvarianten erhältlich: die Schale ist entweder naturbelassen und besitzt dann eine grau-braune Farbe oder sie ist hell rötlich eingefärbt. Für die Verwendung der Pistazien spielt diese Farbe keine Rolle. Meistens werden sie bei uns als Knabberei wie Erdnüsse angeboten, häufig auch leicht gesalzen. Ungesalzen werden sie auch als Gewürz für Süßspeisen und Backwaren verwendet. Auch das grünliche Pistazieneis ist weit verbreitet. Pistazien dienen ebenso der Ölgewinnung.
Lagerung und Haltbarkeit: Geröstete Pistazien sind bei trockener Lagerung monatelang haltbar.

Nachdem man die Pistazien von der harten Schale befreit hat, werden sie mit kochendem Wasser überbrüht, damit sich die dünnen Häutchen, von denen die grünlichen Samen umgeben sind, leicht entfernen lassen.

Verarbeitung: Häufig werden gehackte Pistazien wegen ihrer grünen Farbe als Dekoration auf Torten, Kuchen oder Desserts gestreut. Um die Farbe der Samen zu erhalten, sollte man die harte Schale entfernen, die Samen mit kochendem Wasser überbrühen und dann enthäuten. Die gehäuteten Samen können dann weiterverarbeitet werden.
Sorten: Bei uns werden Pistazien kaum nach Sorten unterschieden angeboten. Die Größe und die Intensität der Grünfärbung der Samen kann bei den einzelnen Sorten variieren.

Pistazieneis

200 g süße Sahne
250 ml Milch
2 Eigelb
100 g Puderzucker oder feiner Kristallzucker
100 g Pistazienkerne

Eigelb mit dem Zucker schaumig rühren und die Milch hinzugeben. Die geschälten und gehäuteten Pistazien fein hacken und untermischen. Dann die steif geschlagene Sahne unterziehen. Die Masse in einer Eismaschine etwa 30 Minuten lang fest werden lassen oder in eine Eisschale füllen und gefrieren lassen.

Weiteres Rezept:
Gefüllte Datteln, Seite 25

Die Pomelo besitzt eine sehr dicke, narbige Schale, aus der eine herbe Marmelade hergestellt werden kann. Das ebenso herb schmeckende Fruchtfleisch wird von den weißen Häuten befreit und findet Verwendung in Fruchtsalaten.

Pomelo
Citrus maxima

Herkunft: Die Pomelo gehört zu den Zitrusfrüchten. Sie ist eine Variante der Grapefruit, die erst vor einigen Jahren in Israel gezüchtet worden ist. Die Grapefruit hat man wiederum aus der Pampelmuse gezüchtet, die ursprünglich aus Südostasien stammt, bei uns aber kaum mehr angeboten wird.
Wissenswertes: Die Pomelo sieht aus wie eine große, birnenförmige Grapefruit. Sie besitzt eine gelbe oder gelbgrüne, etwas narbige Schale und kann bis zu 2,5 kg wiegen. Das Besondere an der Pomelo ist ihre sehr dicke Schale.
Worauf man achten sollte: Die Schale dieser Früchte ist unbehandelt und daher zum Verzehr geeignet.
Lagerung und Haltbarkeit: Obwohl die Schale unbehandelt ist, ist die Frucht noch einige Zeit haltbar, wenn sie kühl (aber nicht im Kühlschrank) aufbewahrt wird. Sobald aber die Schale beginnt, trocken oder schrumpelig zu werden, muß die Frucht sofort verarbeitet werden.
Verarbeitung: Die Pomelo kann wie jede andere Zitrusfrucht geschält werden. Das Fruchtfleisch ist hellgelb oder rot und ist von festen, weißen Häuten umgeben, die vor dem Verzehr entfernt werden sollten. Das Fruchtfleisch hat einen leicht herben Geschmack und ist zur Verwendung in Fruchtsalaten geeignet.

Man verwendet die Pomelo aber hauptsächlich wegen ihrer Schale. Zusammen mit dem Fruchtfleisch kann man aus ihr eine herbe Marmelade

Die Ugli macht ihrem Namen alle Ehre und sieht wirklich nicht sehr ansprechend aus. Dafür ist der Geschmack des Fruchtfleisches vorzüglich.

Die Sweetie sieht aus wie eine kleine Grapefruit, das Fruchtfleisch ist aber süßer. Da die weißen Häutchen häufig recht hart sind und auch Bitterstoffe enthalten, sollten sie vor dem Verzehr entfernt werden.

Bei der Zubereitung von Pomelomarmelade wird sowohl die Schale als auch das Fruchtfleisch der Pomelo verwendet.

herstellen, die der bitteren englischen Orangenmarmelade ähnlich ist. Wem der Geschmack aber zu bitter ist, kann die Pomelo zusammen mit anderen Früchten zu Marmelade verarbeiten.

Sweetie

Eine weitere neue Zitrusfrucht, die auch aus Israel stammt und noch nicht so häufig auf dem Markt zu finden ist, ist die Sweetie. Diese Frucht sieht wie eine kleine Grapefruit aus und besitzt eine gelbliche Schale. Das Fruchtfleisch ist blaßgelb und recht saftig und hat, wie der Name schon vermuten läßt, nicht den herben Geschmack einer Grapefruit, sondern ist eher süßlich.
Verarbeitung: Die Sweetie wird wie eine Orange gegessen. Sollten die weißen Häutchen zu fest sein, entfernt man sie am besten vor dem Verzehr, da in ihnen auch Bitterstoffe enthalten sind.

Ugli

Eine andere Zitrusfrucht, die man auf alle Fälle einmal versuchen sollte, wenn man sie entdeckt, ist die Ugli. Diese Frucht macht ihrem Namen ('ugly' bedeutet im Englischen 'häßlich') alle Ehre. Sie hat eine abgeflachte Kugelform und wird fast so groß wie eine Pomelo. Die Schale ist gelblichgrün bis dunkelorange, manchmal etwas fleckig und grob genarbt. Nimmt man eine Frucht in die Hand, wird man das Gefühl haben, die Schale sei für die Frucht zu groß, denn die Frucht ist sehr weich.

Ein Salat aus Pomelo-Fruchtfleisch, Artischockenböden und Scampis wird mit einem leichten Mayonnaise-Dressing verfeinert und zu Weißbrot gereicht.

Verarbeitung: Die Ugli sollte wie eine Orange gegessen werden. Eine weitere Verarbeitung wäre fast zu schade. Die Schale läßt sich leicht mit den Fingern vom Fruchtfleisch lösen, ebenso kann man die einzelnen Spalten leicht voneinander trennen. Auch die Häute um das Fruchtfleisch sehen aus, als wären sie eine Nummer zu groß. Wenn man dann aber die Frucht probiert, wird man begeistert sein. Die Häute sind so dünn, daß sie gut mitgegessen werden können. Das Fruchtfleisch ist sehr saftig und hat einen ausgezeichneten, süßen Geschmack, dessen Aroma an eine Mischung aus Orange und Mandarine erinnert.

Pomelomarmelade

- 1 Pomelo (ergibt etwa 250 g Schale und 500 g Fruchtfleisch)
- 3 große Orangen oder Grapefruits
- 1 kg Gelierzucker

Die Pomelo schälen und die Schale in kleine Würfel schneiden. In einen Topf geben und mit soviel Wasser auffüllen, daß die Schalen bedeckt sind. Die Schalen aufkochen und 30 Minuten köcheln lassen. Dabei verfärbt sich der ursprünglich weißliche Teil der Schale rosa und wird glasig. In der Zwischenzeit das Fruchtfleisch der Pomelo von allen weißen Häutchen befreien. Die

Orangen oder Grapefruits mit der Zitruspresse auspressen. Nach Beendigung der Kochzeit die Schalen in einem Sieb abtropfen lassen. Zusammen mit dem Fruchtfleisch in einen großen Topf geben und mit dem Pürierstab zerkleinern. Dann den ausgepreßten Saft hinzugeben und den Gelierzucker einrühren. Das Ganze unter Rühren zum Kochen bringen und 2 Minuten sprudelnd kochen lassen. Anschließend in saubere Gläser mit Schraubverschluß einfüllen und sofort verschließen.

Die Pomeloschale kann auch anderen Marmeladen beigemischt werden. Sie muß zuvor immer wie hier beschrieben, gekocht und zerkleinert werden.

Pomelo-Scampi-Salat

1 Pomelo
12 Scampis
1 Dose Artischockenböden
2 Eßlöffel Salatmayonnaise
2 Eßlöffel Creme fraîche
Salz
Cayenne-Pfeffer

Die Pomelo schälen und das Fruchtfleisch von den weißen Häuten befreien und nicht zu klein schneiden. Die Scampis in kochendes Wasser geben und in 10 Minuten gar ziehen lassen. Herausnehmen, abspülen und schälen. Zu dem Pomelo-Fruchtfleisch geben. Die Artischockenböden abtropfen lassen und je nach Größe halbieren oder vierteln. Mit den Scampis und dem Fruchtfleisch locker vermischen. Die Mayonnaise mit der Creme fraîche verrühren und mit den Gewürzen abschmecken. Den Salat vorsichtig damit überziehen. Mit frischem Weißbrot servieren.

Rambutan
Nephelium lappaceum

Herkunft: Die Rambutan stammt ursprünglich aus Malaysien und wird heute im gesamten tropischen Asien angebaut.
Wissenswertes: Die Rambutan gehört zu derselben Pflanzengruppe wie die Litschi und ist ihr auch in Aussehen und Geschmack ähnlich. Rambutans sind rundlich-ovale, bis zu 5 cm große Früchte. Die rote Schale ist fest und in viele kleine Felder unterteilt. Jedes dieser Felder ist in einen langen, weichen roten oder gelben Stachel ausgezogen. Die Stacheln stehen nicht von der Frucht ab, sondern kräuseln sich um die Schale. Wegen dieser weichen Auswüchse wird die Rambutan auch 'Haarige Litschi' genannt.
Worauf man achten sollte: Die Früchte kommen bei uns in Kunststoffolie dicht verpackt an, so daß sie frisch und die Stacheln rot und weich bleiben. Sobald die Früchte an der Luft gelagert werden, verfärben sie sich bräunlich und die Stacheln werden trocken und brüchig.
Lagerung und Haltbarkeit: Rambutans sollte man innerhalb weniger Tage verzehren. Dicht verpackt lassen sie sich im Kühlschrank noch ein bis zwei Wochen lagern.
Verarbeitung: Wie bei der Litschi muß man zunächst die Schale öffnen. Dazu ritzt man sie mit einem scharfen Messer ein und klappt die beiden Schalenhälften auseinander. Zum Vorschein kommt das gelbliche, etwas durchscheinende, saftige Fruchtfleisch. Im Innern befindet sich ein großer, ungenießbarer Same, der von einer dünnen, bräunlichen Hülle umgeben ist, die

Typisch für die Rambutan sind die weichen Stacheln, mit denen die Schale besetzt ist. Beschaffenheit und Geschmack des Fruchtfleisches von Rambutan und Litschi sind sehr ähnlich. Beide Arten sind miteinander verwandt. Die Rambutan wird häufig auch Haarige Litschi genannt.

manchmal schwer vom Fruchtfleisch abzulösen ist. Am besten ißt man die Rambutan als frisches Obst. Der Geschmack ähnelt sehr dem Geschmack von Litschis. Die Rambutan enthalten allerdings mehr Vitamin C und viele Mineralstoffe. Sie werden nicht so häufig bei uns angeboten, vermutlich weil sie sich mit ihrer harten, brüchigen Schale nicht so lange wie die Litschis halten.

Frische Rambutans lassen sich folgendermaßen verfeinern: Man richtet die geschälten und entkernten Früchte in einem Schälchen an und bestreut sie mit Zimt und Zucker oder serviert sie mit etwas Eierlikör. Auf jeden Fall sollen die Früchte gut gekühlt verzehrt werden.

Longan *Dimocarpus longan*
Eine weitere Art, die mit Litschi und Rambutan verwandt ist, ist die Longan. Sie gelangt allerdings nur äußerst selten bei uns auf den Markt. Die Früchte werden etwa 3 cm groß. Die braune, matte Schale ist mit kleinen dunkelbraunen Flecken besetzt. Das Fruchtfleisch ist orangegelb bis rötlich und auch leicht durchscheinend. Der Same im Innern wird nicht mitgegessen. Sollte man das Glück haben, an diese Früchte zu gelangen, ißt man sie am besten pur. Das Fruchtfleisch enthält besonders viele Mineralstoffe. Die Früchte sind nur etwa eine Woche im Kühlschrank haltbar, sollten also möglichst bald nach dem Kauf verzehrt werden. Der Geschmack ist feinsäuerlich.

Kennzeichnend für die Salak ist die geschuppte, wie eine Schlangenhaut wirkende Schale. Das feste Fruchtfleisch ist in mehrere Segmente unterteilt und enthält große, braune Samen.

Rambutans und Longans können ebenso verwertet werden wie die Litschis.

Longdrink mit Rambutan

8 Rambutans
40 ml Weinbrand
1 Flasche Sekt
evtl. Mineralwasser

Die Rambutans schälen, entkernen und mit dem Weinbrand beträufeln.
1–2 Stunden durchziehen lassen. Dann in je ein Longdrinkglas 2 Früchte geben und mit eisgekühltem Sekt oder mit halb Sekt, halb Mineralwasser auffüllen.

Salak
Salacca zalacca

Herkunft: Die Frucht stammt aus Südostasien und wird besonders in Malaysia und Indonesien angebaut. Man sagt, die besten Salaks kommen aus Bali. Erntezeit ist von Januar bis April, so daß wir die Früchte auch nur in den ersten Monaten des Jahres bei uns auf dem Markt erwarten dürfen.
Wissenswertes: Die Salak ist eine sehr ungewöhnliche Frucht, die leider nur recht selten bei uns in den Handel kommt. Trotzdem sollte sie hier Erwähnung finden. Häufig wird sie auch unter dem sehr zutreffenden Namen Schlangenhautfrucht angeboten, denn die dunkelbraune, glänzende Schale

sieht aus, als würde sie aus vielen kleinen Schüppchen bestehen und wirkt daher wie die Haut einer Schlange.

Die Salak ist eine rundlich-ovale Frucht mit einem zugespitzten Ende. Sie wird etwa 8 cm groß. Sie ist die Frucht der Salakpalme, einer buschig wachsenden Fiederpalme. Die ungenießbare dunkelbraune Schale besitzt manchmal einen rötlichen Schimmer. Sie ist dünn und brüchig und läßt sich leicht mit den Fingern abschälen. Unter der Schale kommt dann das beigefarbene Fruchtfleisch zum Vorschein. Es ist fest und glatt und erinnert in seiner Beschaffenheit etwas an eine geschälte Mandel. Wenn man die Schale ganz entfernt hat, erkennt man deutlich die Unterteilung der Frucht in meist drei, manchmal auch mehr Segmente, die sich leicht voneinander trennen lassen. In der Mitte eines jeden Segmentes befindet sich ein großer, rundlicher, glänzend brauner Same, der ungenießbar ist, also nicht mitgegessen werden darf. Das Fruchtfleisch ist noch von einem hauchdünnen Häutchen umgeben, das aber vor dem Verzehr nicht unbedingt entfernt zu werden braucht.

Salaks werden roh gegessen. Je nach Reifegrad ist das Fruchtfleisch etwas adstringierend, erfrischend säuerlich oder sogar leicht süßlich. Es ist sehr fest, ähnlich wie das eines knackigen Apfels, und gibt keinen Saft ab. Wer zum ersten Mal in eine Salak beißt, wird sich vielleicht zunächst an den etwas merkwürdigen, mit keiner anderen Frucht vergleichbaren Geschmack gewöhnen müssen. Außerdem strömt die Frucht einen schwachen, an Käse erinnernden Duft aus. Hat man sich aber an das Aroma der Salak gewöhnt, wird man sie als erfrischende Frucht zu schätzen wissen.

Unreife Früchte werden in ihrer Heimat in Essig eingelegt. Salaks werden von den südostasiatischen Pilgern auf dem Weg nach Mekka mitgenommen.

Worauf man achten sollte: Die Salaks, die bei uns auf den Markt kommen, haben einen sehr langen Weg hinter sich. Wegen ihrer festen Schale kann man von außen kaum erkennen, ob sie noch frisch oder möglicherweise schon verdorben sind. Sie sollten sich auf alle Fälle möglichst fest anfühlen, und die Schale sollte glänzen. Erst nach dem Schälen hat man aber Gewißheit über die Qualität der Frucht. Nur makelloses, beigefarbenes Fruchtfleisch sollte gegessen werden. Nach dem Schälen verfärbt sich allerdings das Fruchtfleisch so ähnlich wie das eines Apfels leicht bräunlich. Diese Verfärbung mindert nicht die Qualität der Frucht. Ist das Fruchtfleisch aber schon von vorneherein braun verfärbt und sogar stellenweise weich, ist die Frucht verdorben und sollte weggeworfen werden.

Lagerung und Haltbarkeit: Sollte man das Glück haben, ganz frische Salaks zu bekommen, kann man sie für längere Zeit haltbar machen, indem man sie in zuckerhaltigem Salzwasser aufbewahrt. Am besten verzehrt man die Früchte jedoch möglichst frisch.

Verarbeitung: Die brüchige Schale wird mit den Fingern entfernt, ebenso wie die großen Samen im Innern jedes Fruchtsegmentes. Das Fruchtfleisch wird dann ohne weitere Zutaten verzehrt.

Salak-Pickles

10 Salaks
50 g Zucker
30 g Salz

6 rote Chilis
2 l Wasser
1 Teelöffel Zitronensaft
1 g Natron

Die Salaks schälen und von den dünnen Häutchen befreien. 1 l Wasser mit dem Zitronensaft und dem Natron mischen und die Früchte darin über Nacht einlegen. Danach die Flüssigkeit abgießen und die Früchte abspülen und trocknen. 1 l Wasser mit Zucker, Salz und den Chilis zum Kochen bringen und die Salaks darin 15 Minuten kochen. Danach die Früchte mit der Flüssigkeit in Gläser füllen und dicht verschließen. Mindestens 5 Tage durchziehen lassen. Dann sind die Früchte zum Verzehr geeignet.

Dieses Rezept stammt aus Indonesien, wo die Salaks auf diese Weise für einige Zeit haltbar gemacht werden. Man kann auch Mangos oder unreife Ananas nach diesem Rezept einlegen.

Sesam
Sesamum indicum

Herkunft: Wo die Heimat der Sesampflanze liegt, ist unbekannt. Seit Jahrtausenden wird sie vor allem in Indien kultiviert.
Wissenswertes: Sesam sind die Samenkörner einer einjährigen krautigen Pflanze. Nach der Blüte entwickeln sich Kapselfrüchte mit vier Kammern, in denen sich die zahlreichen, ovalen, etwa 2 mm langen, hellbraunen Samenkörner befinden.

Sesamkörner enthalten etwa 50 % Öl, das einen hohen Anteil an ungesättigten Fettsäuren besitzt. Es wird durch Pressen und Extraktion aus den Samen gewonnen. Das hellgelbe Öl ist geruchs- und geschmacksneutral und lange haltbar. Man verwendet es als Speiseöl und zur Margarineherstellung. Die abgepreßten Körner sind ein eiweißreiches, wertvolles Viehfutter.

Bei uns spielen Sesamkörner schon seit Jahren eine bedeutende Rolle in der Küche, insbesondere bei Backerzeugnissen. Auf viele Brot- und Brötchensorten, auf Salate und andere Speisen werden Sesamkörner gestreut und verleihen damit den Gerichten ein typisches, nußartiges Aroma.
Lagerung und Haltbarkeit: Wegen des hohen Ölgehaltes sollten die Sesamkörner nicht länger als einige Monate in einem trockenen, dichten Gefäß aufbewahrt werden, da sie ranzig werden können.
Verarbeitung: Die Sesamkörner können geröstet oder ohne weitere Vorbereitung verarbeitet werden.

Sesam-Hirse-Fladen

60 g Sesamkörner
1 Würfel frische Hefe
1 Eßlöffel Zucker
350 ml Wasser
600 g Weizen-Vollkornmehl
200 g Hirseflocken
100 ml Sonnenblumenöl
4 Eigelb
2 Teelöffel Salz
2 Eiweiß zum Bepinseln
Sesamkörner zum Bestreuen

Sesamkörner ohne Öl goldbraun rösten und abkühlen lassen. Hefe und Zucker in lauwarmem Wasser auflösen. Mehl, Hirseflocken, Sonnenblumenöl und das leicht geschlagene Eigelb nach und nach dazurühren, Sesamkörner untermischen und schnell zu einem Teig ver-

Sesamkörner verleihen Backwaren und auch anderen Gerichten das typische nußartige Aroma.

arbeiten. Zugedeckt an einem warmen Ort gehen lassen. Das Teigvolumen sollte sich verdoppeln. Teig nochmals durchkneten. Eine Rolle formen und in 8 Stücke schneiden. Nochmal 10 Minuten gehen lassen. Dann die Teigstücke etwa 0,5 cm dick ausrollen und immer zwei auf ein mit Backpapier belegtes Blech legen und mit dem geschlagenen Eischnee bepinseln. Ungeröstete Sesamkörner darüberstreuen. Bei 200 °C im vorgeheizten Backofen 20 Minuten backen. Nacheinander die anderen Fladen backen.

Avocado-Sauce mit Sesam

100 g Sesamkörner
2 weiche Avocados
1 unbehandelte Limette oder Zitrone
1 Teelöffel Zucker
1 Teelöffel Curry
Salz
125 ml Sahne

Die Sesamkörner in einer trockenen Pfanne bei mittlerer Hitze goldbraun rösten. Die Limette heiß abwaschen und die Schale dünn abreiben. Anschließend den Saft auspressen. Die Avocados halbieren, den Kern entfernen und das Fruchtfleisch mit einem Löffel herauslösen. Mit der abgeriebenen Limette, dem Saft, dem Zucker, dem Curry, dem Salz und der Sahne pürieren, bis eine cremige Sauce entsteht. Von den Sesamkörnern einen Teelöffel abnehmen. Den Rest unter die Sauce mischen. In einer Schale servieren und mit Sesamkörnern bestreuen. Diese Sauce paßt zu hellem Fleisch, hartgekochten Eiern und Fisch.

Squash
Cucurbita maxima

Herkunft: Squash ist eine Sammelbezeichnung für eine Vielfalt von Kürbissen. Ursprünglich stammen Squash-Kürbisse aus Amerika. Heute werden sie weltweit angebaut.
Wissenswertes: Die Form von Squash-Kürbissen kann rundlich, turbanförmig, birnenförmig oder länglich sein. Die Schale ist je nach Sorte dünn und eßbar oder dick und ungenießbar. Die Farbe variiert von Grün über Gelb, Orange bis Weiß. Im Fruchtinnern befinden sich viele, meist weiche Samen.
Sorten: Man unterscheidet Sommer- und Wintersquash. Sommersquash besitzen eine dünne, eßbare Schale und werden unreif geerntet. Sie müssen bald nach der Ernte verwertet werden. Zu ihnen zählen die Zucchinis. Wintersquash variieren sehr stark in Form und Farbe. Man kann nur das Fruchtfleisch verwenden. Sie werden im Herbst geerntet und können monatelang ohne Qualitätsverlust aufbewahrt werden.

Eine weitere Kürbisart, die durch ihre Form und Farbe sehr dekorativ ist, ist der sogenannte Pattison-Kürbis, der zu den Wintersquash-Sorten zählt. Pattisons gibt es in den Farben Weiß, Orange oder Grünlich. Die abgeplatteten Früchte sind rundlich mit zahlreichen Einkerbungen und erinnern an eine fliegende Untertasse. Sie werden nur einige Zentimeter oder tellergroß. Ihre Schale wird nicht mitverzehrt.

Buntes Squash-Gemüse

300 g Sommersquash
je 1 rote, gelbe und grüne Paprikaschote
1 große Zwiebel
2 Karotten
3 Tomaten
Pflanzenöl
Pfeffer und Salz oder Fondor zum Würzen

Die Squash waschen und klein würfeln. Die Paprika waschen, halbieren, die Samen mit den Leisten entfernen und in kleine Stücke schneiden. Die Zwiebel schälen und fein hacken. Die Karotten schaben und in Scheiben schneiden. Die Tomaten waschen und klein schneiden. In einer Pfanne das Öl erhitzen und alle Zutaten darin gar dünsten. Mit Pfeffer und Salz oder Fondor pikant abschmecken. Als Beilage zu Fleischgerichten servieren.

Gibt man noch zwei gewürfelte Kartoffeln dazu, ist diese Gemüsepfanne, serviert mit Spiegeleiern, auch eine vollwertige Mahlzeit.

Gebackene Pattisons

1 mittelgroßer Pattison
1 Eßlöffel Senf
Salz
Pfeffer
Butter

Den Kürbis waschen und Stiel- und Blütenansätze entfernen. Dann mit einem langen Messer den Kürbis waagerecht durchschneiden. Die Schnittfläche mit Senf bestreichen und mit Salz und Pfeffer würzen. In einer Auflaufform die Butter schmelzen. Die beiden Hälften mit der Schnittkante nach unten in die Auflaufform legen und bei 220 °C im Backofen 20 Minuten backen. Dann die Scheiben umdrehen und noch einmal 10 Minuten backen.

Die Knollen der Süßkartoffel besitzen eine längliche, unregelmäßige Form und können bis zu 3 kg schwer werden. Die Schale kann blaßrot bis dunkelrot gefärbt sein.

Die Schale wird nicht mitgegessen, sondern nur das Fruchtfleisch ausgehöhlt. Paßt als Beilage zu Fleischgerichten, kann aber auch als Vorspeise mit pikanten Saucen gereicht werden.

Weiteres Rezept:
Kürbis süß-sauer mit Ingwer, Seite 41

Süßkartoffel
Ipomoea batatas

Herkunft: Die Heimat der Süßkartoffel, die auch Batate genannt wird, ist Südamerika. Heute wird diese wertvolle stärkeliefernde Pflanze überall in den Tropen und zum Teil auch in den Subtropen angebaut. Die Pflanze gedeiht optimal bei 26–30 °C und erfriert schon bei 10 °C.

Wissenswertes: Die Süßkartoffel gehört nicht wie unsere einheimische Kartoffel zu den Nachtschattengewächsen, sondern zu den Windengewächsen. Die Pflanzen sind einjährig. Die Knollen werden bis zu 3 kg schwer und haben eine längliche, unregelmäßige Form. Die Schale ist blaßrot bis dunkelrot. Das Innere der Knolle ist weißlich oder rötlich. Beim Zerschneiden tritt manchmal ein milchiger Saft aus, der aber ungiftig ist.

In den Knollen wird nicht nur Stärke gespeichert, sondern sie enthalten auch viel Zucker. So kommt der süßliche Geschmack zustande. Je näher das Anbaugebiet am Äquator liegt, um so süßer ist der Geschmack. Süßkartoffeln enthalten außerdem Vitamin C und viel Vitamin A.

Süßkartoffeln können vielseitig verwendet werden: in den Erzeugerländern werden sie gekocht, geröstet, gebraten oder zu Mehl oder Stärke verarbeitet. Durch Vergärung gewinnt man aus ihnen ein alkoholisches Getränk mit dem Namen Mormoda.
Lagerung und Haltbarkeit: Süßkartoffeln können dunkel und kühl mehrere Wochen lang aufbewahrt werden. Sobald die Früchte beginnen, weich zu werden, müssen sie verarbeitet werden.
Verarbeitung: Wie unsere einheimischen Kartoffeln eignen sich auch Süßkartoffeln als Beilage zu Fleischgerichten oder für Salate. Beim Kochen werden die Süßkartoffeln allerdings etwas schleimig und schmecken ziemlich fad, so daß man sie besser brät oder bäckt, entweder im ganzen oder in Scheiben geschnitten. Die Schale kann vorher entfernt werden, sie läßt sich nach dem Backen aber auch leicht abziehen. Für Salate kocht man die Süßkartoffeln wie Pellkartoffeln, schält sie anschließend und schneidet sie in kleine Stücke.

Gebackene Süßkartoffelscheiben eignen sich als Beilage zu Spiegeleiern und auch anderen pikanten Gerichten.

Süßkartoffelpüree

500 g Süßkartoffeln
500 g Kohlrabi
1 Tasse Milch
2 Eßlöffel Butter
Salz
Pfeffer
geriebene Muskatnuß

Die Süßkartoffeln schälen und in kleine Stücke schneiden. In einen Topf geben und mit Wasser auffüllen, das die Süßkartoffeln gerade bedeckt. Aufkochen und weiter köcheln lassen, bis die Stücke gar sind. Den Kohlrabi schälen und in kleine Stücke schneiden und in einem separaten Topf gar dünsten. Nach Beendigung der Kochzeit Süßkartoffeln und Kohlrabi abgießen und in eine große Schüssel geben. Die Butter und einen Teil der erwärmten Milch hinzufügen. Mit dem Handmixer solange rühren, bis ein lockeres Püree entsteht. Nach Bedarf Milch hinzufügen. Mit Salz, Pfeffer und einem Hauch Muskatnuß abschmecken. Eignet sich als Beilage zu Fisch- und Fleischgerichten.

Gebackene Süßkartoffelscheiben

1 große Süßkartoffel
Öl
Kräutersalz

Die Süßkartoffel schälen und in etwa 1 cm dicke Scheiben schneiden. Ein Backblech mit Öl bepinseln und die

Scheiben nebeneinander darauf legen. Mit Kräutersalz bestreuen und im Backofen auf der mittleren Schiene bei 200 °–220 °C 30–40 Minuten backen. Dazu paßt Creme fraîche oder eine leichte Mayonnaise.

Deftige Bratkartoffeln

750 g Süßkartoffeln
2 große Zwiebeln
100 g durchwachsener Speck
2 Eßlöffel Butterschmalz
Salz
Pfeffer

Die Süßkartoffeln schälen und in dünne Scheiben schneiden. Die Zwiebeln schälen und fein würfeln. Den Speck fein würfeln. Die Speckwürfel in dem Butterschmalz ausbraten. Dann die Kartoffelscheiben und die Zwiebel dazu geben und unter mehrfachem Wenden bei mittlerer Hitze in etwa 20 Minuten goldbraun braten. Mit Salz und Pfeffer würzen.

Süßkartoffelauflauf

1 kg Süßkartoffeln
250 g Kochäpfel
2 Eßlöffel Butter
2 Eßlöffel Honig
Saft von einer Zitrone
150 ml saure Sahne
4 Eier
Salz

Die Süßkartoffeln mit Öl einpinseln, mehrfach einstechen und im Backofen bei 220 °C so lange backen (etwa 45 Minuten), bis sie weich sind. Nach der Hälfte der Zeit die Äpfel auch in den Backofen geben. Anschließend Süßkartoffeln und Äpfel herausnehmen und so weit abkühlen lassen, daß man sie schälen kann. Bei den Äpfeln außerdem das Kerngehäuse ausstechen. Eine Auflaufform mit Butter ausstreichen. Die Kartoffeln und die Äpfel pürieren und mit der Butter, dem Zitronensaft, dem Honig und der sauren Sahne verrühren. Die Eier trennen. Die Eidotter verquirlen und in die Masse einrühren. Das Eiweiß unter Zugabe von Salz steif schlagen. Den Eischnee unter die Kartoffelmasse heben und diese in die Auflaufform füllen. Bei 180 °C etwa 30 Minuten backen. Sobald die Oberfläche zu bräunen beginnt, herausnehmen und heiß servieren.

Tamarillo
Cyphomandra crassicaulis

Herkunft: Die Tamarillo stammt aus dem nördlichen Südamerika. Sie wird auch in Afrika und Neuseeland angebaut.
Wissenswertes: Die Tamarillo gehört zu den Nachtschattengewächsen. Die eiförmigen, 8–10 cm langen Früchte haben eine gewisse Ähnlichkeit mit Tomaten. Daher werden sie auch häufig Baumtomaten genannt. Die glatte Schale ist gelb, rot oder dunkelpurpurrot. Wie bei einer Tomate sind zahlreiche weiche Samen in dem geleeartigen, gelblichen oder roten Fruchtfleisch kreisförmig angeordnet.
Lagerung und Haltbarkeit: Die Früchte werden unreif geerntet und reifen auf dem langen Transport nach. Sobald sie auf leichten Druck nachgeben, sollten sie verzehrt werden, da sie sonst schnell verderben. Auf alle Fälle sollte man sie im Kühlschrank aufbewahren.

In das geleeartige Fruchtfleisch der Tamarillo sind zahlreiche weiche Samen eingebettet. Die Schale sollte nicht mit verzehrt werden, da sie recht hart ist und Bitterstoffe enthält.

Verarbeitung: Das Fruchtfleisch der Tamarillo enthält viel Vitamin A und C. Der herb-süße, leicht bittere Geschmack ist etwas gewöhnungsbedürftig und nicht jedermanns Sache. Das Aroma erinnert auch etwas an Tomaten, so daß es einem freigestellt ist, die Früchte süß oder pikant zubereitet zu essen. Zuvor sollte man jedoch die sehr bittere Schale abziehen. Wie bei Tomaten läßt sich die Schale leicht abziehen, wenn man die Früchte kurz mit kochendem Wasser überbrüht.

Wer die Tamarillos roh essen möchte, kann einfach die halbierten Früchte auslöffeln.

Sorten: Es gibt zwei verschiedene Sorten von Tamarillos: eine gelbschalige und eine rotschalige. Gelbschalige Tamarillos besitzen kleinere und weichere Kerne und haben außerdem einen süßlicheren Geschmack als die rotschaligen Früchte.

Tamarillo-Relish

4 Tamarillos
1 Zwiebel
1 Knoblauchzehe
1 Eßlöffel Öl
2 Eßlöffel Kräuteressig
100 ml Orangensaft
80 g brauner Zucker
Salz
Pfeffer
Cayenne-Pfeffer

Die Hülsenfrüchte der Tamarinde besitzen eine harte brüchige Schale. Verwertet wird das dunkelbraune Fruchtmark, von dem die Samen im Innern der Hülse umgeben sind.

Die Tamarillos mit kochendem Wasser überbrühen, Haut abziehen und Stielansatz entfernen. Das Fruchtfleisch in kleine Stücke schneiden. Die Zwiebel schälen und in halbe Ringe schneiden. Den Knoblauch schälen und fein hakken. In einem flachen Topf das Öl erhitzen. Das Fruchtfleisch mit der Zwiebel und dem Knoblauch dünsten, bis die Zwiebel glasig ist. Dann den Orangensaft, den Essig und den Zucker einrühren und mit den Gewürzen abschmecken. Bei kleiner Hitze offen köcheln lassen, bis die Masse eine marmeladenähnliche Konsistenz bekommt. Paßt zu gebratenem Fleisch vom Schwein, Rind oder Lamm.

Beschwipste Tamarillos

6 Tamarillos
150 g Zucker
1 halber Teelöffel Zimt
2 Eßlöffel Rum oder Weinbrand
1 Päckchen Vanilleeis
Schlagsahne

Die Tamarillos waschen und abtrocknen. Längs halbieren und mit der Schnittstelle nach unten in eine flache Auflaufform legen. Zucker und Zimt mischen und über die Tamarillos streuen. Im Backofen auf der mittleren Schiene bei 175 °C eine halbe Stunde lang backen. Anschließend die Haut, die sich jetzt ganz leicht entfernen läßt, abziehen. In Dessertschalen Kugeln aus Vanilleeis anrichten. Die heißen Tamarillos darübergeben, mit Schlagsahne verzieren und sofort servieren.

Tamarinde
Tamarindus indica

Herkunft: Die Tamarinde stammt aus dem tropischen Ostafrika und wird heute in allen Tropengebieten angebaut. Haupterzeugerland ist Indien.
Wissenswertes: Die Tamarinde wird gelegentlich auch unter dem Namen 'Saure Dattel' oder 'Indische Dattel' angeboten, wobei sie allerdings nichts mit einer Dattel gemeinsam hat. Der Tamarindenbaum gehört wie Erbse und Bohne zu den Schmetterlingsblütlern und bringt Hülsenfrüchte hervor. Sie werden bis zu 20 cm lang und sind gut daumendick. An den Stellen, an denen sich die Samen im Innern befinden, ist die Hülse verdickt. Im unreifen Zustand sind die Tamarinden grün und die Schale ist noch relativ weich. Geerntet werden sie, wenn die Schale brüchig, matt und zimtfarben geworden ist. Im Innern befinden sich bis zu zehn große Samen. Sie sind von einem dunkelbraunen Fruchtmark umgeben.

Das Fruchtmark der Tamarinde besitzt mit 35 % einen sehr hohen Zuckergehalt. Es besteht aber auch zu 20 % aus organischen Säuren, was den säuerlichen Geschmack erklärt. Das Fruchtmark wird zur Herstellung von Getränken, Marmeladen, Saucen, Chutneys, Kautabak und Sirup verwendet. Es wirkt leicht abführend.
Lagerung und Haltbarkeit: Tamarinden sind sehr lange haltbar. Gut verpackt können sie bis zu einem Jahr bei Zimmertemperatur gelagert werden.
Verarbeitung: Es ist etwas mühsam, an das Fruchtmark zu gelangen. Zunächst muß die harte Schale der Hülsenfrucht aufgebrochen werden. Man versucht am besten, die langen Fasern an den 'Nähten' der Hülse abzuziehen und dann die Schale auseinanderzuklappen. Danach entfernt man die Samen aus dem Fruchtmark. Will man die Tamarinden pur essen, kann man einfach das Fruchtmark von den Samen lutschen und das übrige Mark mit einem Messerchen von der Schale ablösen. Will man das Fruchtmark aber weiter verwerten, bereitet man sich am besten ein Konzentrat zu.

Hierzu öffnet man die Früchte, entfernt die Samen und gibt das Fruchtmark in ein Gefäß. Dann überbrüht man es mit wenig kochendem Wasser, zerdrückt das Fruchtmark mit einem Löffel und läßt es mehrere Stunden stehen. Wenn sich das Fruchtmark nur sehr schwer von den Samen trennen läßt, kann man diese auch erst nach dem Überbrühen entfernen. Danach preßt man das Fruchtmark so weit wie möglich aus und siebt die Flüssigkeit in ein anderes Gefäß ab. Dieses Konzentrat kann man nun Obstsalaten, Fruchtsäften oder Longdrinks zusetzen oder es für die Aromatisierung von Gerichten benutzen. Besonders gut paßt es zu Curry-Gerichten.

Hähnchengeschnetzeltes mit Tamarinde

Konzentrat aus 6 Tamarinden
4 Hähnchenschnitzel
125 ml Hühnerbrühe
1 Teelöffel Stärkemehl
2 Pfirsiche oder Nektarinen
3 Zwiebeln
1 Teelöffel frischer Ingwer
1 Knoblauchzehe
Tabasco

Die Hähnchenschnitzel in schmale, mundgerechte Stücke schneiden und in eine flache Schüssel geben. Mit dem Tamarinden-Konzentrat beträufeln und zugedeckt einige Stunden ziehen lassen. Die Hühnerbrühe mit dem Stärkemehl und einem Spritzer Tabasco aufkochen und dann zur Seite stellen. Den Ingwer fein reiben. Den Knoblauch fein hacken oder durch eine Knoblauchpresse drücken. Die Zwiebeln in feine Ringe schneiden. Von den Pfirsichen oder Nektarinen die Haut abziehen, den Stein entfernen und das Fruchtfleisch in dünne Scheiben schneiden.

In einer Pfanne in heißem Öl das Fleisch mit dem Ingwer und dem Knoblauch einige Minuten anbraten. Herausnehmen und warm stellen. Erneut Öl erhitzen und die Pfirsiche mit den Zwiebeln etwa 2 Minuten dünsten. Herausnehmen und zum Fleisch geben. Die Brühe in die heiße Pfanne gießen. Wenn sie kocht, alle anderen Zutaten dazugeben und noch 1–2 Minuten erhitzen. Mit Tabasco würzig abschmekken.
Dazu paßt Reis.

Tamarinden-Curry-Sauce

1–2 Eßlöffel Tamarinden-Fruchtmark
1 große Zwiebel
1 Knoblauchzehe
1 Eßlöffel Curry
je eine Messerspitze Zimt, Ingwerpulver, gemahlener Kümmel, Salz und Zucker
2 Eßlöffel Öl
125 ml Sahne

Die Zwiebel schälen und fein hacken. Den Knoblauch schälen und durch die Knoblauchpresse drücken. Das Öl erhitzen und die Zwiebel darin glasig schmoren. Dann das Tamarindenmus, den Knoblauch und die Gewürze dazugeben. Scharf und pikant abschmekken. Mit der Sahne aufgießen. Diese Sauce schmeckt zu Geflügel, Schnitzel und Gegrilltem.

Wassermelone
Citrullus lanatus

Herkunft: Wassermelonen wachsen heute noch wild in ihrer ursprünglichen Heimat Afrika. Sie gelangten schon vor etwa 2000 Jahren nach Europa. Die bei uns angebotenen Früchte stammen hauptsächlich aus dem Mittelmeerraum.
Wissenswertes: Die kugeligen Früchte werden bis zu 15 kg schwer. Ihre glatte Schale ist hell- bis dunkelgrün gefärbt und gelegentlich dunkel marmoriert. Das Fruchtfleisch ist rot und enthält zahlreiche schwarze Samen, die kreisförmig in der Frucht verteilt sind. Es besteht zu 95 % aus Wasser und ist daher besonders im Sommer gut gekühlt eine durstlöschende Erfrischung.
Worauf man achten sollte: Ob eine Wassermelone den richtigen Reifegrad hat, kann man am besten feststellen, wenn man mit der flachen Hand auf die Schale klopft. Es muß hohl klingen. Größere Exemplare werden meist schon aufgeschnitten und in Klarsichtfolie verpackt angeboten.
Verarbeitung: Wassermelonen schmekken am besten frisch und gut gekühlt. Man schneidet sie in Spalten, aus denen man das Fruchtfleisch mit einem kleinen Messer heraustrennen kann. Auf diese Weise lassen sich auch am besten die Kerne entfernen.

Wassermelonenkompott mit Ingwer

500 g Fruchtfleisch einer Wassermelone
500 g Einmachzucker
0,5 l Flüssigkeit einer Wassermelone
1 Teelöffel kleingehackter frischer Ingwer
1 große unbehandelte Zitrone

Die Wassermelonen-Flüssigkeit mit dem Zucker so lange kochen, bis ein Sirup entsteht. Dann den Ingwer und die in dünne Scheiben geschnittene Zitrone zugeben. Nach 10 Minuten das in mundgerechte Stücke geschnittene Fruchtfleisch zufügen. Noch einmal aufkochen und dann 5 Minuten bei kleiner Flamme köcheln lassen. Das Fruchtfleisch mit einem Schaumlöffel herausnehmen und in saubere Gläser füllen. Den Sirup noch so lange weiterkochen, bis er eingedickt ist. Dann den Sirup abseihen, die Gläser damit auffüllen und sofort verschließen.

Zitronatzitrone
Citrus medica

Herkunft: Die Heimat der Zitronatzitrone sind die subtropischen Berglagen Indiens. Heute wird diese Frucht auch im Mittelmeerraum angebaut.
Wissenswertes: Die Zitronatzitrone gilt als Stammform der Zitrusfrüchte. Da sie sich weniger zum Frischverzehr wie Orangen oder Grapefruits eignet, ist sie nur schwer im Handel zu bekommen. Wie der Name vermuten läßt, wird aus ihr hauptsächlich Zitronat hergestellt. Zwar kann man fertiges Zitronat kaufen, aromatischer und frischer ist es natürlich, wenn man es selber zubereitet. Wer Zitronatzitronen bekommt, sollte es einmal versuchen.

Die eiförmigen Früchte können 25 cm lang werden und ein Gewicht von 2,5 kg erreichen. Die dicke, gelbe Schale ist wachsartig und runzelig. Sie ist reich an ätherischen Ölen, aus denen Essenzen hergestellt werden. In dem gekammerten Fruchtfleisch befinden sich nur wenige Samen.

Die Zitronatzitrone wird auch 'Adamsapfel' genannt, da man glaubte, sie sei die verbotene Frucht vom Baum der Erkenntnis gewesen. Ebenso gibt es die Sage, wonach eine schwangere Frau, die in diese Frucht beißt, einen Jungen gebären wird.

Zitronatzitronen enthalten nur wenig Fruchtfleisch. Sie werden nur wegen der duftenden, aromatischen Schale angebaut, aus der Zitronat, auch als Sukkade bekannt, hergestellt wird. Allerdings wird hierzu die grüne Schale unreifer Zitronatzitronen verwendet. Bekommt man reife Früchte, kann man trotzdem die Schale kandieren und für Backwerk und Konfekt oder pur als süße Nascherei verwenden.

Herstellung von Zitronat

Beim Kandieren wird das Wasser in den Zellen gegen Zucker ausgetauscht. Da Zucker eine konservierende Wirkung hat, bleiben die kandierten Früchte oder Schalen lange haltbar. Allerdings geht der Austausch nur langsam vor sich, so daß der Kandierungsvorgang einige Tage beansprucht.
1. Tag: Die Zitronatzitronen werden gut gewaschen und dann so geschält, daß möglichst wenig weißes Gewebe an der Schale hängenbleibt. Man schneidet die Schale in 2–3 cm breite Stücke, gibt sie in einen flachen Topf, bedeckt sie mit Wasser und kocht einmal auf. Dann schüttet man das erste Kochwasser weg und läßt die Schalen abtropfen. Man bedeckt die Schalen erneut mit Wasser, kocht auf und läßt sie 1–2 Stunden köcheln, bis sie weich sind. Dann fügt man Einmachzucker hinzu (250 g auf 300 ml Kochflüssigkeit), löst ihn unter ständigem Rühren auf und kocht erneut auf. Anschließend nimmt man den Topf vom Herd und läßt ihn offen abkühlen.
2. Tag: Die Lösung mit den Schalen kocht man erneut auf, läßt 10 Minuten leise köcheln und dann wieder abkühlen.
3. Tag: Man wiederholt den Vorgang vom zweiten Tag. Die Schalen müssen nun deutlich ihr Aussehen und ihre Konsistenz verändert haben, sie müssen glasig und fest sein. Man läßt die Schalen abtropfen und breitet sie auf Pergamentpapier auf einem Ofengitter aus. Dann schiebt man sie in den Backofen und läßt sie bei 50 °C so lange trocknen, bis sie sich nicht mehr klebrig anfühlen. Bei einem Umluftherd schaltet man das Gebläse dazu. Bei einem

Die Halme des Zuckerrohrs können einen Durchmesser von 5 cm erreichen. Das faserige Gewebe im Innern der Halme ist saftig und enthält viel Zucker, den man z. B. durch Zerkauen herauslösen kann.

herkömmlichen Backofen steckt man einen Kochlöffel in die Tür, so daß ein Spalt offen bleibt, damit die Feuchtigkeit entweichen kann.

Zuckerrohr
Saccharum officinarum

Herkunft: Ursprünglich stammt das Zuckerrohr aus Neu-Guinea und wird schon seit Jahrtausenden in Asien kultiviert. Etwa in dem Zeitraum vom 8. bis 9. Jh. brachten die Araber das Zukkerrohr in den Mittelmeerraum. Im Jahre 1493 führte es Kolumbus in Amerika ein. Heute ist es weltweit ein wichtiges Anbauprodukt in vielen Ländern der Tropen und Subtropen.

Wissenswertes: Das Zuckerrohr gehört wie der Bambus zu den Gräsern. Die Halme erreichen einen Durchmesser von etwa 5 cm. Die harte Wand ist außen glatt und hellbraun gefärbt. In regelmäßigen Abständen ist der Halm von den sogenannten Knoten unterbrochen, die wie eine nahtförmige Unterbrechung aussehen. Im Innern sind die Halme sehr faserig, dafür aber umso saftiger.

Jährlich werden auf der Erde etwa 100 Millionen Tonnen Zucker erzeugt, wovon zwei Drittel aus Zuckerrohr, der Rest aus Zuckerrüben gewonnen werden. Der Rohzuckergehalt liegt bei 7–20 %. Noch vor 100 Jahren war Zucker bei uns ein Luxusartikel, der nur in Apotheken verkauft wurde.

Wenn man das kleingeschnittene Zuckerrohr mit etwas Wasser kocht, läßt sich der Zucker herauslösen. Der so gewonnene Zuckerrohrsaft kann für die Herstellung von Mixgetränken verwendet werden.

Lagerung und Haltbarkeit: Gelegentlich gelangt Zuckerrohr stückweise bei uns in den Handel. In einer Plastiktüte dicht verpackt, hält es sich bei kühler Lagerung wochen- oder sogar monatelang.

Verarbeitung: Man schneidet kleine Stücke von dem Zuckerrohr-Halm ab, spaltet sie noch ein- oder zweimal mit einem stabilen Messer und zerkaut sie solange, bis der Zucker herausgelöst ist. Die restlichen Fasern werden nicht gegessen. In den Erzeugerländern wird häufig Zuckerrohrsaft angeboten. Hierfür werden lange Stücke des Zuckerrohrs längs halbiert und durch eine spezielle Presse gedrückt. Heraus läuft der pure, grün gefärbte Zuckerrohrsaft. Eisgekühlt ist er eine hervorragende Erfrischung.

Da bei uns nur geringe Mengen an frischem Zuckerrohr angeboten werden, kommt man leider nicht in den Genuß eines frisch gepreßten Zuckerrohrsaftes. Man kann sich aber anders behelfen, um sich zu Hause auch ein köstliches Getränk daraus zuzubereiten. Das Zuckerrohr wird in kleine Stücke geschnitten und zweimal gespalten. Dann gibt man es in einen Topf und bedeckt die Stücke knapp mit Wasser. Das Ganze wird dann so lange bei kleiner Flamme gekocht, bis der Zucker aus dem Halm herausgelöst ist. Den gewonnenen, abgekühlten Saft mischt man mit Fruchtsaft, Likör oder Weinbrand und serviert ihn auf Eiswürfeln als exotischen, wohlschmeckenden Longdrink.

Literaturverzeichnis

All about Citrus & Subtropical Fruits. Ortho Books, San Francisco 1985.
von Barsewisch, G.: Exotische Früchte und Gemüse. Bertelsmann Verlag Gütersloh.
Brandt, L.: Canning and Preserving. Lane Publishing Co., Menlo Park, California 1988.
Brown, M.: International Produce Cookbook & Guide. HP Books Los Angeles 1989.
Colditz, G.: Früchte einkochen, kandieren, einlegen. Verlag Eugen Ulmer, Stuttgart 1991.
Colditz, G. und P.: Exotische Früchte, Obst, Gemüse, Nüsse. Kosmos-Naturführer. Franckh-Kosmos, Stuttgart 1993.
Franke, G.: Nutzpflanzen der Tropen und Subtropen. Band I, Leipzig, 1982. Band II, Leipzig 1981.
Fresh Produce, A to Z. Sunset Books, Menlo Park 1987.
Früchte aus aller Welt in Garten und Küche. Lingen Verlag, Köln 1988.
Handbuch für die Früchtezeit. Pfeifer & Langen, Köln 1984.
Johns, L. und V. Stevenson: Fruit for the home and garden. Angus & Robertson publishers, London 1985.
Kellermann, M.: Exotische Früchte, BLV, München 1990.
Lischke, B.: Exotische Früchte. GU Kompaß. Gräfe und Unzer, München 1991.
Obst und Früchte von A–Z. Engel Verlag, München 1985.
Shulman, M. R.: Die Honig & Kräuter Küche. Ehrenwirth Verlag, München 1986.

Bibliografische Information der Deutschen Bibliothek
Die Deutsche Bibliothek verzeichnet diese Publikation in der Deutschen Nationalbibliografie; detaillierte bibliografische Daten sind im Internet über http://dnb.ddb.de abrufbar.

Wollgrasweg 41, 70599 Stuttgart (Hohenheim)
Printed in Germany
Lektorat: Ingeborg Ulmer
Herstellung: Thomas Eisele
Satz: Typomedia GmbH, Ostfildern
Druck und Bindung: Georg Appl, Wemding

ISBN 13: 978-3-8001-5327-5
ISBN 10: 3-8001-5327-0

Register

Fett gedruckte Zahlen verweisen auf ausführliche Beschreibungen.
Zahlen mit * verweisen auf Abbildungen.